essentials

Essentials liefern aktuelles Wissen in konzentrierter Form. Die Essenz dessen, worauf es als „State-of-the-Art" in der gegenwärtigen Fachdiskussion oder in der Praxis ankommt. Essentials informieren schnell, unkompliziert und verständlich

- als Einführung in ein aktuelles Thema aus Ihrem Fachgebiet
- als Einstieg in ein für Sie noch unbekanntes Themenfeld
- als Einblick, um zum Thema mitreden zu können.

Die Bücher in elektronischer und gedruckter Form bringen das Expertenwissen von Springer-Fachautoren kompakt zur Darstellung. Sie sind besonders für die Nutzung als eBook auf Tablet-PCs, eBook-Readern und Smartphones geeignet.

Essentials: Wissensbausteine aus Wirtschaft und Gesellschaft, Medizin, Psychologie und Gesundheitsberufen, Technik und Naturwissenschaften. Von renommierten Autoren der Verlagsmarken Springer Gabler, Springer VS, Springer Medizin, Springer Spektrum, Springer Vieweg und Springer Psychologie.

Hans-Jürgen Gaugl

Mediation als Kurskorrektur für unsere Demokratie

Gedankenanstöße für alle, die Politik verbessern wollen

Hans-Jürgen Gaugl
Schönbühel an der Donau
Österreich

Dieser Beitrag war ursprünglich Teil des Buches „**Politische Machtspiele - Schlachtfeld oder Chance; Braucht unsere Demokratie Mediation**", herausgegeben von Hans-Jürgen Gaugl, in Druck, und wurde überarbeitet.

ISSN 2197-6708   ISSN 2197-6716 (electronic)
ISBN 978-3-658-07642-9   ISBN 978-3-658-07643-6 (eBook)
DOI 10.1007/978-3-658-07643-6

Springer
© Springer Fachmedien Wiesbaden 2015
Das Werk einschließlich aller seiner Teile ist urheberrechtlich geschützt. Jede Verwertung, die nicht ausdrücklich vom Urheberrechtsgesetz zugelassen ist, bedarf der vorherigen Zustimmung des Verlags. Das gilt insbesondere für Vervielfältigungen, Bearbeitungen, Übersetzungen, Mikroverfilmungen und die Einspeicherung und Verarbeitung in elektronischen Systemen.
Die Wiedergabe von Gebrauchsnamen, Handelsnamen, Warenbezeichnungen usw. in diesem Werk berechtigt auch ohne besondere Kennzeichnung nicht zu der Annahme, dass solche Namen im Sinne der Warenzeichen- und Markenschutz-Gesetzgebung als frei zu betrachten wären und daher von jedermann benutzt werden dürften.
Der Verlag, die Autoren und die Herausgeber gehen davon aus, dass die Angaben und Informationen in diesem Werk zum Zeitpunkt der Veröffentlichung vollständig und korrekt sind. Weder der Verlag noch die Autoren oder die Herausgeber übernehmen, ausdrücklich oder implizit, Gewähr für den Inhalt des Werkes, etwaige Fehler oder Äußerungen.

Gedruckt auf säurefreiem und chlorfrei gebleichtem Papier

Springer ist eine Marke von Springer DE. Springer DE ist Teil der Fachverlagsgruppe Springer Science+Business Media
www.springer.com

Was Sie in diesem Essential finden können

- Einen Überblick über die Entwicklung des Demokratieverständnisses
- Eine Darstellung der Bedeutung von Konflikten in der Politik – mit Chancen und Risken
- Einen Anreiz zur Mitwirkung an einer Verbesserung der Situation
- Anregungen zum besseren Verständnis für die Zusammenhänge zwischen Demokratie und Mediation
- Eine Ermunterung zur Verbesserung von Kommunikation im politischen Alltag

Inhaltsverzeichnis

1 Einleitung 1

2 Individuum – Gesellschaft – Politik: ein laufender
  Entwicklungsprozess im untrennbaren Wechselbezug 5

3 Demokratie und Konflikt 11
  3.1 Demokratie 11
  3.2 Konflikt 16

4 Rollen in der Demokratie 19
  4.1 Parteien sowie deren Funktionärinnen und Funktionäre ... 20
  4.2 Bürgerinnen und Bürger 21
  4.3 Die Gesellschaft 21
  4.4 Die Verwaltung 22
  4.5 Die Massenmedien 22

5 Gerechtigkeit und Demokratie 25

6 Kommunikation in der Demokratie 29

7 Schluss 37

Was Sie aus diesem Essential mitnehmen können 39

Literatur 41

Einleitung 1

Jeder Deutsche hat die Freiheit, Gesetzen zu gehorchen, denen er niemals zugestimmt hat; er darf die Erhabenheit des Grundgesetzes bewundern, dessen Geltung er nie legitimiert hat; er ist frei, Politikern zu huldigen, die kein Bürger je gewählt hat, und sie üppig zu versorgen – mit seinen Steuergeldern, über deren Verwendung er niemals befragt wurde. Insgesamt sind Staat und Politik in einem Zustand, von dem nur noch Berufsoptimisten oder Heuchler behaupten können, er sei aus dem Willen der Bürger hervorgegangen. (Arnim 2001, S 19)

Dieser Befund einer Person, welcher in der deutschen Öffentlichkeit viel Raum gegeben wird, um die ihr zugesprochene Expertise auf dem Gebiet des öffentlichen Rechts auf die im politischen Alltag in Deutschland sich zutragenden Ereignisse umzulegen, erschreckt. Denn immerhin schreibt die Verfassung demokratischer Rechtsordnungen wie jener Deutschlands doch genau das Gegenteil vor.

Zur Veranschaulichung
Artikel 20 Absatz 2 GG: „Alle Staatsgewalt geht vom Volke aus. Sie wird vom Volk in Wahlen und Abstimmungen […] ausgeübt."

Auch in Österreich besagt Artikel 1 der Bundesverfassung, dass das Recht vom Volk ausgehe. Gleichzeitig ist aber zu beobachten, dass die Wahlbeteiligung deutlich zurückgeht. Der Grad der Beteiligung des Souveräns Volk an der Bestimmung der Zusammensetzung des die legislative Kraft bildenden Nationalrates und der Vorgabe der Rahmenbedingungen für die Zusammensetzung des exekutiven Organs Bundesregierung nimmt stetig ab: gab es bis zu den Nationalratswahlen

1956 in Österreich noch durchwegs eine Wahlbeteiligung von rund 95 % und mehr, so ist dieser Anteil kontinuierlich gesunken und hat 2013 den vorläufigen Tiefststand von nur noch 74,91 % erreicht. Mehr als 1 von 4 Wahlberechtigten hat darauf verzichtet, der legislativen und exekutiven Kraft der österreichischen Demokratie seine Legitimation kraft Stimmabgabe zu erteilen. Betrachtet man die Daten zu den Wahlen zum Europäischen Parlament, so zeigt sich mit einer auf lediglich rund 40 % gesunkenen Wahlbeteiligung ein noch dramatischeres Bild.

Vor dem Hintergrund des beobachtbaren Trends, dass Politik zunehmend als Streitthema in Medien und an Stammtischen wahrzunehmen ist bei gleichzeitig sinkender Wahlbeteiligung und sinkendem Vertrauen in die Politikerinnen und Politiker, erschreckt das eingangs genannte Zitat ein weiteres Mal: es erscheint bei weitem nicht so überzogen zu sein, wie es auf den ersten Blick wirkt, sondern stellt eine Diagnose für unsere Demokratie auf, welche zu einer raschen Therapie ruft, möchte man einen Kollaps vermeiden.

In vorliegendem Werk werden als Grundlage für eine mögliche Weiterentwicklung unserer Staatsform einige der bestehenden Wechselwirkungen zwischen Politik und Gesellschaft aus der Perspektive des Konfliktmanagements kurz angerissen. Dieser Blickwinkel bietet sich an, da diese Symptome der zunehmenden Politikverdrossenheit an in den wissenschaftlichen Konflikttheorien angestellte Überlegungen zum Konfliktverhalten der Menschen erinnern: einerseits kann darin eine Flucht aus jener Rolle der Bürgerin beziehungsweise des Bürgers gesehen werden, welcher die Bundesverfassung die Aufgabe zuspricht, einen Großteil des Rechts zur Ausgestaltung des gesellschaftlichen Rahmens im Wege der Gesetzgebung und der Umsetzung der Rechtsordnung an Repräsentantinnen und Repräsentanten – die Abgeordneten – zu übertragen. Dieses Konfliktlösungsmuster wird in den Sozialwissenschaften zwar als das stärkste angesehen, zugleich **aber, nicht nur gemessen an der Zivilisationsentwicklung, auch als das primitivste und durch** seine Nähe zur Aggression gefährlichste und einen Lernprozess verhindernde. Andererseits findet man in den Konflikttheorien die Beschreibung des Typus eines kalten Konfliktes, welcher Ähnlichkeit zum Verhalten einer zunehmenden Abstinenz von der Wahlentscheidung aufweist: das solchermaßen beschriebene Bemühen einer Verschleierung des Konfliktes mündet in eine zunehmende Lähmung der nach außen hin sichtbaren Handlungen; es findet nur eine indirekte Auseinandersetzung mit den Konfliktthemen bei auffallendem Destruktivismus nach innen und außen statt.

> So viel steht also fest: es muss etwas geschehen, will man unsere Demokratie wieder stärken und damit die damit verbundenen Früchte der Sicherheit, der Gerechtigkeit, der Freiheit und des Friedens genießen. Doch wie? Die

1 Einleitung

> folgenden Kapitel dienen der systematischen Suche nach einer Antwort auf die Frage, ob Mediation unserer Demokratie helfen kann bei einer konstruktiven Weiterentwicklung ihrer selbst zwecks Erlangung einer wiedererstarkenden Legitimation zu einer der Gesellschaft einen friedensichernden Rahmen gebenden Staatsform.

Um dieser Spur folgen zu können bedarf es zunächst einer analytischen Abklärung der Bedeutung von Konflikten für Gesellschaft und Politik. Dabei ist, entsprechend dem Wesen der Beratungswissenschaften, Anleihe bei verschiedensten Disziplinen zu nehmen: Kommunikationswissenschaften, Soziologie und Politikwissenschaften stellen hier die wichtigsten Säulen dar. Ausgehend von den soziologischen Entwicklungen in der Politik in seinen Wechselwirkungen zum Individuum über die verschiedenen Konfliktfelder ist dabei die Frage zu beleuchten, wo die Berührungspunkte zwischen Individuum, Gesellschaft und Politik liegen und welche wechselbezüglichen Abhängigkeiten in ihrer Entfaltung bestehen.

Für das Verständnis der angestellten Überlegungen ist eine kurze Definition von Mediation erforderlich.

▶ Mediation ist ein wiederentdecktes Verfahren der eigenverantwortlichen Konfliktbeilegung. Sie ist in ihrer Haltung geprägt von
1. äquidistanter Nähe zu den Mitmenschen und
2. Achtsamkeit sich selbst und seinem sozialen Umfeld gegenüber,
3. der Kompetenz zu wertschätzender Kommunikation und
4. dem Sinn für Gerechtigkeit und Freiheit in gemeinsam zu definierenden Dimensionen, welche durch
5. konsensuale Verhandlungen
6. unter Einbezug der allseitigen Bedürfnisse und Interessen
7. in Wahrung der Eigenverantwortung zum Ausdruck gebracht werden.

Das vorliegende Werk bietet Anknüpfungspunkte für Mediation als Weiterentwicklungshilfe für unsere Demokratie. Es wird aufgezeigt, welchen Mehrwert Mediation – als Haltung, Methode oder Sammlung mediativer Elemente – auch in diesen für unsere Gesellschaft so wichtigen Bereich bringen kann.

Individuum – Gesellschaft – Politik: ein laufender Entwicklungsprozess im untrennbaren Wechselbezug

> Das Verständnis des Menschen zu seinem Selbstwert hat sich im Laufe der Zeit stark verändert.

Lange Zeit standen Brauchtum, Sitte und Religion stark im Vordergrund und konstruierten damit im sozialen Gefüge traditionale Funktionsweisen, in welchen der tiefere Sinn des individuellen eigenen Seins zurückgestellt wurde hinter das Erfordernis wertrationalen Handelns. Mit Eintritt in die Moderne bekannten sich Mann und Frau zum Bestehen eigener höchstpersönlicher Bedürfnisse, welche es in Wechselbezug zu anderen Individuen zu bringen galt und gilt. Der moderne Mensch scheint meist keine Vorstellung mehr darüber haben zu können, welch enormen Einfluss Religion auf die Ausgestaltung des Lebens des Einzelnen wie auch der Gesellschaft hatte. An die Stelle der die Scholastik prägenden Verbindung zu einer übergeordneten Macht, Gott, in allen Lebenslagen trat nun das von der Überzeugung von der Möglichkeit zur eigenverantwortlichen rationalen Bewältigung aller sozialen Probleme getragene Interesse an den horizontalen Verbindungen zu den Mitmenschen. Statt eines Souveräns, welchem als aller Handlung übergeordneter Repräsentant lebensordnender Werte gleich einem Normensystem unantastbare Macht zugeschrieben worden war, bedurfte es damit nunmehr aber auch einer neuen Legitimation für die Setzung eines der Gemeinschaft Sicherheit spendenden Rahmens in Form eines Mindestmaßes an Ordnung. Das Ordnungssystem ist dabei nicht mehr Ausfluss einer übergeordneten Gewalt. Es kommt diesem nunmehr vielmehr die komplexere Aufgabe zu, Rahmenbedingungen zu garantieren, innerhalb derer es jedem Individuum möglich ist, das eigene Wachstum zu verfolgen.

> **Zur Veranschaulichung**
> Noch vor hundert Jahren war es unvorstellbar, dass eine Frau sich scheiden lässt. Es wurde als gottgewollt hingenommen, dass die Frau dem Mann zu dienen hat. Nur wenige Ausnahmen sind den Geschichtsbüchern zu entnehmen wie etwa die von Katharina Elisabeth Freifrau von Galler, bekannt als die Schlossherrin der Riegersburg in der Oststeiermark, 1669 eingereichte Scheidung von ihrem dritten Ehemann, welche sie in langwieriger Auseinandersetzung mit dem Hof und der Kirche mit 37 Gründen zu begründen hatte. Heute ist es selbstverständlich auch Frauen möglich, die Scheidung zu begehren und die Rechtsordnung gibt hier einen sicheren Rahmen für eine gerechte Absicherung ihrer Rechte.

Mit diesem Schritt in die emanzipierte Individualität hat der Mensch aber keinesfalls verzichtet auf religiöse Dogmen als Kontext eigenen Handelns. Vielmehr hat er diesen einen individualisierten Aspekt neben individuell entwickelten Ritualen und Mustern als Bestandteil des höchstpersönlichen Sinnes im Dasein hinzugefügt, welcher in Konflikt tritt zu den abstrakten Werten auf vertikaler Ebene und den persönlichen Werten anderer Individuen auf horizontaler Ebene: Der Mensch muss für sich persönlich eine Vereinbarkeit persönlicher Vorstellungen mit jenen seiner religiösen Überzeugung herstellen und sich auch dem Umstand stellen, dass er nicht mehr selbstverständlich davon ausgehen darf, dass auch andere Menschen seine Wertvorstellungen teilen. Als Folge der ständigen Wechselwirkungen individueller Interessen und Bedürfnisse in verschiedenen Dimensionen bedarf es allerdings eines Rahmens der ständigen Aushandlung einer Vergesellschaftung, der nun nicht mehr selbstverständlich gegeben, aber für das ununterbrochene Ringen um eine Balance auf vertikaler Ebene zum Zweck der Gewährleistung ständigen Wachstums in individueller und kollektiver Hinsicht durch Auseinandersetzung mit dem „Anderen" zwingend erforderlich ist. Es steht hier die Aufgabe im Vordergrund, ein politisches Organisationsprinzip zu schaffen, in welchem der Gesellschaft gerade durch die Vielfalt Stabilität gegeben wird.

Die Moderne ist damit auch die Geburtsstunde der modernen Demokratie, welche auf erste Entwicklungen in der Antike zurückgreift. Das Recht geht vom Volk aus – so ist der in den meisten Demokratien zum Ausdruck gebrachte Leitsatz dieser modernen Staatsform mit seiner andauernden Entwicklung aus den Wurzeln der attischen Polis über die ideengeschichtlichen Wurzeln bei Locke (madisonische Demokratie) und Rousseau (populistische Demokratie) bis hin zu den ver-

2 Individuum – Gesellschaft – Politik: ein laufender Entwicklungsprozess ...

schiedensten Ausprägungen in der plebiszitären Komponente in der Gegenwart. Damit ist der rechtsphilosophische Anspruch daran zum Ausdruck gebracht, dass Recht dem Wertebild einer Gesellschaft zu entsprechen hat: Es werden Schutzzwecke als unverrückbar und unverhandelbar zu Leitprinzipien erhoben, in der Rechtsordnung damit zum Ausdruck gebracht, dass sie in Verfassungsrang erhoben werden mit der Intention, ein leichtfertiges Abgehen davon zu verhindern; erhöhte Präsenz- und Abstimmungsquoren, bei Staatsfundamentalnormen sogar in verpflichtender Kombination mit dem verbindlichen Ergebnis einer Volksabstimmung, sollen dafür garantieren.

> Durch den beschriebenen Prozess der Individualisierung entwickelt sich die Gesellschaft also zunehmend inhomogener, woraus Konflikte in den verschiedenen Dimensionen erwachsen:

Es sind dies zunächst Konflikte auf der Ebene der Auseinandersetzung des Individuums mit seinem Umfeld hinsichtlich der Ausgestaltung und ständigen Weiterentwicklung des höchstpersönlich erkannten Sinnes des Daseins: jeder Mensch wünscht, von den Anderen nicht nur die Freiheit zugestanden zu erhalten, das Leben nach eigenen Vorstellungen des Glücks einrichten zu können, er begehrt darüber hinaus auch Unterstützung und Wertschätzung dafür.

Auf der Ebene der Wechselwirkung vergesellschafteter Interessen mit dem Individuum beginnen die Konflikte schon etwas abstrakter zu werden. Hier gilt es nämlich nicht mehr, in der direkten Auseinandersetzung mit dem Verursacher beziehungsweise der Verursacherin empfundener Einschränkungen im persönlichen Wollen, Empfinden und Tun eine Klärung zu suchen. Vielmehr tritt an die Stelle dieses greifbaren Gegenübers eine abstrakte Regel, welche von der Gesellschaft im Wege der gesatzten oder ungeschriebenen Ordnung aufgestellt wurde. Plakativ gesprochen: Steuerhinterziehung ist beispielsweise von der Gesellschaft nicht geduldet, da damit die Finanzierung der infrastrukturellen Rahmenbedingungen und sozial erwünschter Lenkeffekte des Steuersystems wie etwa einer Familienförderung als vergesellschaftete Interessen gefährdet würde, während aber persönliche Interessen der Steuerpflichtigen durch die Abfuhr der Abgaben durchaus behindert werden.

Schließlich treten auch die Konflikte auf Ebene des Machtzuspruches an die Politik auf. Es gilt dabei abzuklären, wem und innerhalb welcher Grenzen die Kompetenz zur Schaffung und Erhaltung beziehungsweise Weiterentwicklung des Rahmens zugesprochen wird, der für die Entfaltungs- und damit Wachstumsmöglichkeit sowohl für das Individuum, als auch für die Gesellschaft erforderlich ist. Innerhalb dieses Rahmens gilt es Präventivmaßnahmen zu setzen gegen Bedrohungen der Interessenerfüllung der Individuen wie auch der Gesellschaft und damit das Gefühl von Sicherheit zu vermitteln, dessen es für das Wachstum bedarf. Ein Beispiel kann hier in der Sicherung des Pensionssystems erkannt werden: die staatliche Versorgung in einem Umlagesystem wurde von der Politik nach dem zweiten Weltkrieg mit der Zielsetzung eingeführt, all jenen Menschen, welche das Land wieder aufzubauen tatkräftig mitgeholfen haben und die durch die Kriegsereignisse kaum die Möglichkeit hatten, für das eigene Alter finanziell vorzusorgen, zu danken und Sicherheit für das Alter zu geben. Damit wurde der Gesellschaft ein von dieser nicht nur benötigter, sondern auch von ihr getragener und somit zur Einführung ermächtigter, friedenspendender Rahmen zur Unterstützung von Wirtschaftswachstum gespendet. Zugleich wurde den klar zum Ausdruck gebrachten Interessen der Individuen mit Wertschätzung Rechnung getragen in einem Schritt der Solidarität der Berufstätigen im Wege des so genannten Generationenvertrages. Wie die Einführung, so ist es auch die auf geänderte demographische Entwicklungen angepasste präventive Anpassung dieses Systems, welche in die Kompetenz der Politik fällt, möchte sie Gesellschaft und Individuen einen nachhaltigen Rahmen für die weiter mögliche ausgewogene Interessenverfolgung unter den geänderten Umständen bieten. Und dazu bedarf sie erneut der Legitimierung innerhalb der als Resultat eines konstruktiven Konfliktes der Gesellschaft gesteckten Eckpunkte.

> Diese Konflikte stellen die Energie für das Wachstum von Individuum, Gesellschaft und Politik gleichermaßen zur Verfügung, bedeuten somit den Antrieb für ständige Wachstumschancen.

Um diese zu heben und nicht das gleichermaßen bestehende Risiko der Moderne, diese Energie für eine Selbstvernichtung einzusetzen, heraufzubeschwören, bedarf es also eines von wechselwirkender Legitimierung durch Wertschätzung getragenen Commitments. Dieses wird durch Demokratie zum Ausdruck gebracht. Bedeutsam ist dabei, dass auf einer zwischen allen Akteurinnen und Akteuren abgeschlossenen Übereinkunft betreffend ein konstruktives Verständnis der Wesenselemente der modernen Demokratie aufgebaut werden kann, deren Einhaltung essenziell für ein Funktionieren ist; nur dadurch kann auf Zeit gewährleistet sein, dass Politik und Gesellschaft sich als Wachstumsumfeld für das Individuum im Einklang bewegen und entwickeln können.

> Anderenfalls besteht nicht nur die Gefahr, dass Politik wie im eingangs der Einleitung angeführten Zitat Arnims zum Ausdruck gebracht, zum Selbstzweck verkommt und die Rechtsordnung damit nicht mehr als sicherheitsspendender Rahmen durch das Resultat eines gesellschaftlichen Aushandlungsprozesses akzeptiert wird.

Es wird dann nämlich vielmehr auch das bereits angesprochene Risiko einer Selbstvernichtung des Systems schlagend mit weitreichenden Auswirkungen für sämtliche beteiligten Akteurinnen und Akteure. Crouch (2008, S 10) entdeckt in der aktuellen Entwicklung der Demokratie sogar die präsente Gefahr, dass die Bürgerinnen und Bürger entgegen dem sinngebenden Gedanken der Staatsform in eine passive, ohnmächtige Rolle gedrängt werden, zu reinen Zuschauerinnen und Zuschauern verkommen in einer Inszenierung öffentlicher Politik zu eigens ausgewählten Streitthemen während der wahre Interessenausgleich hinter dem Vorhang zwischen den politischen Funktionsträgerinnen und Funktionsträgern sowie ausgewählten Eliten stattfindet.

▶ Damit schließt sich wieder der Kreis zur in der Einleitung zitierten Befundaufnahme und es ist ein wissenschaftlicher Handlungsbedarf zum Wohle der Gesellschaft und des friedlichen Miteinanders erkennbar: Es gilt einen Weg zu finden, wie das Risiko des konfliktbasierten Funktionierens von Demokratie eingedämmt werden kann, ohne die Vorzüge der Staatsform im Bereich der Eigenverantwortlichkeit des beziehungsweise der Einzelnen zugleich einzubüßen. Welche Alternativen gibt es auf dem Weg der auch hier ständig erforderlichen Weiterentwicklung?

Vor diesem Hintergrund zeigt sich, dass Mediation einen wertvollen Beitrag zu einer Kurskorrektur für unsere Demokratie und für die Weiterentwicklung der Gesellschaft leisten kann: unter der Grundannahme, dass Mediation als hilfreich zur Transformation von Konflikten in Wachstums- und Veränderungsenergie mit allseitigem Gewinn betrachtet werden darf, stellt sie jedenfalls in der analytischen Betrachtung eine Bereicherung auf dem weiteren Weg der beschriebenen Entwicklung für Demokratie als Staatsform der partizipativen und somit eigenverantwortlichen Organisationsform der Gesellschaft dar.

Demokratie und Konflikt 3

Der Prozess der Individualisierung des Menschen und der Vergesellschaftung durch den Eintritt in die konflikthafte Auseinandersetzung mit dem Anderen ging also in weiten Bereichen einher mit einer Institutionalisierung der modernen Demokratie. Es liegt somit auf der Hand, sich anzusehen, was das Wesen dieser Staatsform ausmacht und weshalb nicht einfach die bestehenden Strukturen etwa der Monarchie beibehalten wurden und Diktaturen im Wesentlichen Ausnahmeerscheinungen in Interimszeiten bleiben.

3.1 Demokratie

▶ Der Begriff der Demokratie leitet sich aus dem altgriechischen Wort für Gemeinwesen, δῆμος (demos) und jenem für Herrschaft, κρατία (kratia) ab.

Es wird die Abstammung des Begriffes, wie auch Duss von Werdt (2011, S. 30 ff.) feststellt, oft mit ἔθνος (ethnos), also Volk, verwechselt, was aber von der Begrifflichkeit einen demokratiefernen Ansatz der Unterteilung der Gesellschaft in ethnische Gruppen implizieren würde unter Missachtung eines demokratischen Grundprinzips der Verständigung über ethnische Zugehörigkeiten hinweg auf einen gemeinsamen gesellschaftlichen Rahmen. Auch die Rechtsordnung selbst verleitet durch den gewählten Begriff des „Volkes" zu einem solchermaßen irreführenden Verständnis. Saage (2005, S. 27) verweist zum Begriff der Demokratie im Zuge der Darstellung seines sozialgeschichtlichen Wandlungsprozesses auf den Umstand, dass die Umsetzbarkeit der mit Demokratie verbundenen und ihr auch zugeschriebenen Möglichkeiten vom jeweiligen Entwicklungszustand der Gesellschaft abhängt. Damit wird ein synallagmatischer Zusammenhang zwischen Gesellschaft und Ausprägung von Demokratie ausgedrückt.

Krell (2012, S. 18) sieht unter Bezugnahme auf die Grundrechtspakte der Vereinten Nationen ein konstituierendes Merkmal von Demokratie in den um soziale und wirtschaftliche Dimensionen ergänzten politischen Grundrechten der Freiheit in formaler, bürgerlicher und politischer Sicht. Ein Mindestmaß an sozialer Gleichheit stellt dabei die Basis dar, auf welcher die politische Partizipation erst möglich wird, da erst durch sie sichergestellt werden kann, dass den Bürgerinnen und Bürgern die materiellen Ressourcen der Gesellschaft in dem zur Befriedigung der Grundbedürfnisse des einzelnen Individuums erforderlichen Ausmaß zugänglich sind. Darin ist eine friedenssichernde Funktion von Demokratie zu erblicken: durch die unverhandelbaren und nur noch in der Ausweitung, nicht jedoch in der Beschränkung dem Ermessen der Parteien unterliegenden Rechte sollen Konflikte um die Befriedigung zumindest jener Bedürfnisse, welche in der untersten Stufe der Maslowschen Bedürfnispyramide zusammengefasst werden, hintangehalten werden. Ein Zeichen der Ausprägung der Entwickeltheit des Systems kann demnach darin gesehen werden, bis zu welcher Stufe der Bedürfniserfüllung die Rechte des Individuums auf Entfaltung im Auge behalten werden bei der Normengebung.

Ziel der Demokratie ist es in diesem Sinne, eine partizipative Aushandlung von Rahmenbedingungen vorzunehmen, welche eine Selbstverwirklichung des Individuums ermöglichen. Die Gesellschaft erhält dabei die Kompetenz zugeschrieben, jene Sicherheit zu garantieren, welche das Individuum benötigt um das Vertrauen zu haben, die auch als gemeinsame Basis dienenden Bedürfnisse eigenverantwortlich befriedigen zu können.

Ein in der Literatur, so auch in modernen populärwissenschaftlichen Werken wie etwa bei Moestl (2013, S. 28 f.), immer wieder divergierend und in den Schlussfolgerungen paradoxer Weise dennoch eigentlich konsensual betrachteter Aspekt ist jener der Ausstattung eines demokratischen Oberhauptes mit Macht oder Herrschaft.

▶ Macht ist dabei zu verstehen als die Autorisierung einer gewählten Instanz durch die Individuen einer Gesellschaft, bis auf weiteres einen Willen auch gegen ein Widerstreben durchzusetzen. Herrschaft hingegen basiert auf einem Autoritäts- und Legitimitätsanspruch, welchem eine spiegelbildliche Anerkennung dieses Anspruches im Willen zum Gehorsam in einem von Disziplin geprägten Klima gegenübersteht.

3.1 Demokratie

Stehen Karl Marx, Max Weber und Georg Simmel eher auf dem Standpunkt, die sozialen Strukturen seien in erster Linie geprägt von divergierenden und im Kampf ausgetragenen Interessen, welche somit eines Gewaltträgers beziehungsweise einer Gewaltträgerin bedürften zur Schaffung eines sicheren Rahmens, so sieht die Schule von Emile Durkheim, Talcott Parsons und Jürgen Habermas ein Konsensparadigma, in welchem auf gemeinsame Werte, Ideen und Ideale aufgebaut wird. In letzterem Fall reicht ein Machthaber beziehungsweise eine Machthaberin an der Spitze des Staates aus, um für die Balance widerstreitender Bedürfnisse in den gesellschaftlichen Aushandlungsprozessen der Individuen hilfreiche Maßnahmen zu setzen – der Idealtypus von Demokratie.

In beiden Modellen kann erkannt werden, dass es jeweils eines Aktes der Legitimierung bedarf, um zur Maßnahmensetzung im Rahmen des gesellschaftlichen Gefüges zu berechtigen: sei es, dass Macht verliehen wird, zu einem Konsens zu führen unter Berücksichtigung widerstreitender Interessen, sei es, dass Herrschaft anerkannt wird in Form von zugesagter Disziplin in der Umsetzung auch den eigenen Bedürfnissen zuwiderlaufender Maßnahmen zum Wohle der Gesellschaft. Es ist in Abgrenzung zu diktatorischen Systemen, welche auf Gewalt zur Durchsetzung der Anerkennung als normengebende Instanz setzen oder zu monarchischen Systemen, welche auf Tradition zur Außerstreitstellung dieser Befugnisse gründen, jeweils ein auf Freiwilligkeit aufbauender Akt, welcher in der Demokratie in Form von freien Wahlen zum Ausdruck gebracht wird, vorausgesetzt.

Eine weitere interessante These der Politikwissenschaften, wie sie bei Pelinka (2010, S. 33 ff.) gefunden werden kann, erklärt die Bedingtheit der jeweils vorherrschenden Spielart einer gesellschaftlichen Konfliktkultur eines Staates: demnach bedarf es bei einer stark fragmentierten Gesellschaft mit widerstreitend ausgelebten Standpunkten in essenziellen Lebensfragen einer konsensorientierten Führung (Konkordanzdemokratie), während die homogene Gesellschaft einer Konkurrenzdemokratie die Basis bietet mit einem auf Wahlgewinn gerichteten Widerstreiten der Standpunkte der einzelnen Parteien, die weniger zu einer Annäherung in Sachfragen als zu einem nur noch Kompromisse ermöglichenden Auseinander trotz innerhalb des Verfassungsbogens gemeinsamer Interessenlage führt. Trotz der möglichen Unterschiede in der gesellschaftlichen Verfasstheit, deren nur die beiden Polarpunkte aufgezeigt wurden, wird wohl davon auszugehen sein, dass die scheinbar widerstreitenden Ansätze von Macht oder Herrschaft gleichermaßen ihre Bedeutung in der modernen Demokratie haben: in der Konkordanzdemokratie wird danach zu streben sein, Macht zugesprochen zu erhalten, während in der Konkurrenzdemokratie der Herrschaftsanspruch im Vordergrund steht. Nachdem bei der Verleihung von Macht ein Akt der ausdrücklichen Legitimierung zum Eingriff in Interessen des Individuums kaum merkbar ist im Gegensatz zum Herrschaftsmodell, kann bei letzterem rasch der Eindruck erweckt werden, die Maßnahmen demokratisch gewählter Organe seien nicht ausreichend legitimiert.

▶ Sehr gut ersichtlich aus beiden Ansätzen ist jedenfalls, dass in der Demokratie in jedem Fall eine Staatsform erblickt werden will, welcher, egal in welcher Ausprägung, die Kompetenz zugeschrieben wird, mit Konflikten in einer Art und Weise umzugehen, die es Individuum, Gesellschaft und Politik erlaubt, miteinander eine Balance in den verschiedenen Feldern von Interessenkollissionen zu finden.

Eines der deutlichsten Felder ist dabei wohl jenes der ständigen Suche der Menschheit nach Gerechtigkeit: Mit dem Eintritt in die Moderne entstand in den Menschen ein neues Bedürfnis nach Gerechtigkeit, da Religion oder auch bloß die weltliche unangetastete Instanz kraft Tradition nicht mehr eo ipso legitimiert war, „gerecht" zu sein. Gerechtigkeitskonflikte sind die logische Konsequenz, zu welchen der Demokratie als Staatsform das Vertrauen geschenkt wird, auch hier den passenden Rahmen schaffen zu können.

Um Gerechtigkeit, wozu es in der Ausgangslage des Eintritts in die Moderne wohl zumindest ebenso viele Vorstellungen wie Individuen gibt, in den demokratischen Diskurs einbringen zu können, bedarf es zunächst einer auch auf der Mikroebene sehr hilfreichen Eingrenzung durch Ausschluss von Werten, welche als gemeinsames Gut vorausgesetzt werden müssen. Johan Galtung hat hier einen wertvollen Ansatz in Form der unverhandelbaren Forderungen des Individuums in die Überlegungen eingebracht:

▶   Grundbedürfnisse des Menschen sowie auch Menschenrechte – sofern letztere nicht durch einen Gesetzesvorbehalt eingeschränkt werden – sind als gerecht außer Streit zu stellen. Was der Befriedigung von Grundbedürfnissen dient, ist dabei lediglich wechselseitig zu klären, niemals aber einer Gerechtigkeitsdiskussion zugänglich.

Und dennoch bleibt breiter Raum gegeben, Demokratie als Staatsform zu nutzen, ein gemeinsames Verständnis von Gerechtigkeit aufzubauen: Verteilungsgerechtigkeit, Austauschgerechtigkeit, Vergeltungsgerechtigkeit und Verfahrensgerechtigkeit werden von Montada (2011, S. 156 ff.) als Diskurspunkte, welche einer Aushandlung zwischen den Individuen einer Gesellschaft unter Anleitung der Politik zugänglich und auch notwendig sind, genannt. Je professioneller der Umgang der Politik mit diesen Fragen ist, desto stärker wird die Legitimität der Führung ausgeprägt wahrgenommen werden von Gesellschaft und Individuen bei gleichzeitig starkem Autonomiegefühl: die getroffenen Vereinbarungen welche in der

3.1 Demokratie

Rechtsordnung zum Ausdruck gebracht werden, werden als gerecht und damit selbsterklärend empfunden von den Akteurinnen und Akteuren, was in einer hohen Normenakzeptanz zum Ausdruck kommt. Eine Steuerreform etwa, zu welcher unter breiter Einbindung aller betroffenen Gesellschaftsgruppen der Reihe nach Status quo, Zielsetzung und Rahmenbedingungen erarbeitet und außer Streit gestellt werden können mit daran anschließender Würdigung der betroffenen Bedürfnisse und darauf aufbauender Einigung auf eine der in diesem Sinne als geeignet identifizierten Alternativen bietet die Chance der Festigung der Machtposition einer Regierung. Umgekehrt ist eine empfundene Außerachtlassung von Bedürfnissen auch nur einer Teilgesellschaft bei Fragen der Gerechtigkeit etwa durch eine verfehlte Informationspolitik Anlass, die Legitimierung zum Eingriff in Räume persönlicher Entfaltungsmöglichkeiten generell in Frage zu stellen und mündet in einen empfundenen Konflikt des Individuums mit der Politik.

Einen weiteren Eckpfeiler der Demokratie, welcher keinesfalls übersehen werden darf und der zugleich seine Affinität zur Zulässigkeit von Konflikten zwischen den Akteurinnen und Akteuren systemimmanent beweist, stellt die Autonomie der einzelnen Akteurinnen und Akteure dar: auch wenn Individuum, Gesellschaft und Politik einander wechselseitig zur Entfaltung benötigen, so brauchen sie, wie auch Luhmann (2010, S. 142 ff.) beschreibt, dennoch zugleich eine autonome Ebene in zeitlicher, sachlicher und sozialer Hinsicht. Es bedarf daher eines mit der Liquiditätsreserve eines Unternehmens, das sich damit einen zeitlichen Polster zwischen Umwelteinfluss und Reaktion verschafft, vergleichbaren Legitimitätsvorschusses für die Politik, um sich Zeit für den autonomen Prozess hin zur Entscheidungsfindung zu verschaffen; am deutlichsten sichtbar wird dies in der weitläufig bekannten Frist von 100 Tagen, welche für gewöhnlich einer neuen Regierung bis zur öffentlichen Einforderung von Ergebnissen gewährt wird. Es bedarf der Zulässigkeit von verschiedenen Kommunikationswegen zwischen den Teilsystemen – so soll das Individuum nicht nur Wählerin beziehungsweise Wähler und Normadressatin beziehungsweise Normadressat sein, sondern beispielsweise auch Petitionen an Verwaltung und Politik richten dürfen –, um durch die mehrseitige Ausrichtung Autonomie zu erfahren; und schließlich soll es jederzeit möglich sein für die Akteurinnen und Akteure, einen Rollenwechsel durchzuführen und auch verschiedene Rollen zugleich – etwa Individuum und auch Politikerin beziehungsweise Politiker – zu bekleiden.

3.2 Konflikt

Zumal also ein Querblick durch die wissenschaftliche Auseinandersetzung mit dem Funktionieren von Politik im Allgemeinen und Demokratie im Besonderen den Schluss nahelegt, dass der Konflikt als tragende Säule der Demokratie und zentrales Element von Politik betrachtet werden kann, ist es an der Zeit, sich mit der Definition des Konfliktes als Ausgangspunkt für Analyse und Transformationsschritte zu beschäftigen.

Bei der literarischen Recherche nach bestehenden Modellen zur Konflikttheorie im politischen Kontext fällt allerdings auf, dass die Politikwissenschaften zwar verschiedenste Konflikttheorien aus den Sozialwissenschaften ohne weitere Reflexion zum Ausgangspunkt machen, auf die Entwicklung eines einheitlichen Modells aber scheinbar verzichten. Auch Saretzki (2010, S. 35) bemängelt in seiner Befundaufnahme über die politikwissenschaftlichen Theorien und Ansätze hinsichtlich der qualitativen Ausgestaltung der Auseinandersetzung mit den aktuellen Gesellschaftsthemen, dass dem Konfliktbegriff zwar der Stellenwert eines Dreh- und Angelpunkts innerhalb dieser Disziplin eingeräumt wird, diesem Umstand aber erstaunlicherweise bislang nicht durch die Entwicklung eines auf dieses Wissenschaftsgebiet abgestellten Konfliktmodells Rechnung getragen wurde.

Mangels eines bereits in den Politikwissenschaften anerkannten und regelmäßig eingesetzten erprobten Konfliktmodells – wobei es von Interesse wäre, an anderer Stelle ein solches zu entwickeln – ist daher auch für die hier angestellten Überlegungen Anleihe in den Sozialwissenschaften zu nehmen, welche eine Vielzahl von brauchbaren Ansätzen für eine differenzierte Konfliktanalyse auch im politischen Kontext bieten. Dabei ist auf die jeweiligen Handlungsfelder demokratischer Abläufe und Strukturen einzugehen.

▶ Glasl (2011, S. 17) definiert den Konflikt als ein aufeinander bezogenes Kommunizieren oder Tun zwischen Akteurinnen und Akteuren, wobei mindestens eine beteiligte Person zu verstehen gibt, dass sie sich in Beobachtung, Denken, Empfinden und Wollen durch das Gegenüber in einer Unterschiedlichkeit der genannten Dimensionen beeinträchtigt sieht. Von zentraler Bedeutung des Begriffes in seiner sozialen Dimension ist dabei das interpersonelle Aufeinandertreffen von unterschiedlichen Standpunkten aufgrund individuell ausgeprägter Interessen und Bedürfnisse, welche jeweils als ein Antrieb für die prozedurale Dramaturgie der weiteren Schritte dienen. Eine Differenz in den Standpunkten allein entspricht dabei noch nicht dem Wesen eines Konfliktes.

3.2 Konflikt

Gerade im politischen Kontext spielt dabei, mehr noch als im Feld der allgemeinen sozialen Konflikte mit den vereinzelt anzutreffenden Stellvertreterkonflikten, allerdings auch die Urheberschaft beziehungsweise Quelle der treibenden Interessen und Bedürfnisse eine zentrale Rolle. Wesen der Politik ist es schließlich, dass ein Ausgleich der Interessen im gesellschaftlichen Zusammenleben als Zusammenschluss der in einem Verband lebenden Individuen angestrebt wird. Demokratie wählt dabei den beschriebenen Weg der gewählten Macht zur Austragung auftretender Konflikte in Handlungsfeldern des gesellschaftlichen Miteinanders mit dem Auftrag zur konsensualen Lösungsfindung. Ueberhorst erkennt in diesem Zusammenhang die, auch mit Mitteln der Mediation erreichbare, Aufgabe der Machthaberinnen und Machthaber, die durch die verschiedenen Interessenlagen in der Gesellschaft auftretenden Spannungsfelder zu erkennen und konsensorientiert zu bearbeiten. Damit ist eine klare Trennung der Eigeninteressen beziehungsweise der Bedürfnisse anderer im politischen Kontext maßgeblicher Akteurinnen und Akteure von jenen der in der Rolle der Gesellschaft befindlichen Auftraggeberinnen und Auftraggeber der demokratischen Machtposition angezeigt. Eine Reduktion der Tätigkeit demokratischer Mandatsträgerinnen und -träger auf eine positionelle Politik, welche den Kampf um Mehrheiten sowohl innerhalb der nach dem Wahlergebnis zusammengesetzten Gremien als auch im Hinblick auf den nächsten Urnengang im Zentrum hat, ist zwar formal sicherlich auch der österreichischen oder der deutschen Bundesverfassung genügend, nicht jedoch hilfreich für die Erhaltung der emotionalen Legitimität durch den Souverän Volk. Mit dieser Vorgehensweise wird nämlich der Interessensgegensatz auf Ebene der demokratischen Vertreterinnen und Vertreter in den Gremien auf eine von der Gesellschaft abstrahierte Ebene übertragen und dort ausgefochten und der Souverän dabei aus der Rolle des Interessenträgers beziehungsweise der Interessenträgerin in jene des bloßen Koalitionspartners beziehungsweise der bloßen Koalitionspartnerin gegen das eine andere Position einnehmende Lager gedrängt. Der kulturelle Verständigungsprozess bleibt solchermaßen zu Gunsten einer verstärkten Lagerbildung aus und es wird der Anspruch der auf Durchsetzung drängenden unerfüllten Bedürfnisse andere Formen suchen, wobei je nach Demokratisierungszustand der Gesellschaft unterschiedliche Ausprägungen im Konfliktlösungsmuster zu Tage treten werden: von gänzlicher Verweigerung der Beteiligung an der Abarbeitung kooperativer Leistungsziele als Zeichen von Flucht über Regierungsstürze, wie sie in unserer Geschichte wie auch aus der Auslandskorrespondenz bekannt sind, bis hin zur Bildung eigenverantwortlicher Bürgerinnen- und Bürgerbewegungen kann die Palette reichen und ähnelt sehr den von Schwarz (2010, S. 277 ff.) beschriebenen Mustern.

Bei den weiteren Überlegungen ist jedenfalls zu berücksichtigen, dass Konflikte, insbesondere jene im politischen Kontext, Aspekte sowohl der Makro-, als auch der Meso- und Mikroebene umfassen (Glasl 2011a, S. 67 ff.; Feindt 2010, S. 20). Es gilt, Fairness als einen in den Vorstellungen davon höchst individuellen Wert gleichermaßen mitzudenken in den verschiedenen Handlungsfeldern wie auch die Durchlässigkeit des kollektiven Selbstverständnisses in seiner scheinbaren Ambiguität zu den Rechten von Minderheiten; ebenfalls von Bedeutung sind hier Fragen der Grenzen der Zulässigkeit versus des Erfordernisses normativer Eingriffe in die Sphäre individueller Freiräume zur Schaffung freier Entfaltungsmöglichkeiten aller in einem gesicherten Umfeld. Mit dieser Betrachtungsweise wird Konfliktpotenzial in schier unermesslicher Quantität und auch Qualität sichtbar gemacht, welches sich Demokratie konsensual zu transformieren zur Aufgabe gemacht hat.

Nicht zu unterschätzen ist schließlich die Bedeutung von Wissen im wissenschaftlichen Sinn für den Verlauf von Konflikten, insbesondere in den politischen Handlungsfeldern. Demokratische Entscheidungsfindungsprozesse setzen zu Beginn nicht unbedingt eine gemeinsame Basis an Wissen voraus, allerdings ist Fischer (2010, S. 130) beizupflichten, wenn er in tabellarischer Form darlegt, dass kurz- und mittelfristiges Nichtwissen sowie gewolltes Nichtwissen hohes Konfliktpotenzial in sich bergen. Auch Bös (2009, S. 21) geht davon aus, dass unzureichende Informationen jedenfalls zu latenten Interessen führen. Daraus kann geschlossen werden, dass Transparenz zu Themen mit verfügbarem Wissen demnach in demokratischen Entscheidungsprozessen gleichermaßen wie in sozialen Konflikten bei zunehmender Nähe zum Zeitpunkt einer erwarteten Entscheidungsfindung erhöhte Bedeutung mit unmittelbaren Auswirkungen auf die Konflikttiefe zukommt. Dass im Wechselbezug die Konflikthandhabung durch die Akteurinnen und Akteure ihrerseits die Entwicklung des Wissensstandes zu beeinflussen vermag belegt Scholl (2009, S. 67 ff.): während Anpassung, Vermeidung und Machteinsatz meist verbunden sind mit einem Zurückhalten von Informationen oder Manipulation derselben, kommt es bei einer konsensualen Konfliktaustragung zu einer Steigerung des Wissensstandes.

> Es lässt sich bereits jetzt im Ausdruck der engen Beziehung zwischen Konflikt und Demokratie erkennen, dass Mediation einen wertvollen Beitrag zur Weiterentwicklung des demokratischen Systems leisten kann: immerhin stehen da wie dort die Interessen und Bedürfnisse der Bürgerinnen und Bürger als beteiligte Akteurinnen und Akteure im Zentrum der Handlung, jeweils versehen mit einer auf die Selbstverwirklichung des Individuums ohne Beschränkung der Anderen versehenen Zielsetzung.

Rollen in der Demokratie 4

> In der Dynamik von Konflikten spielen die einzelnen beteiligten Personen eine Bedeutung. Erst sie geben schließlich dem Geschehen durch ihre individuellen Strategien und Formen des Konfliktverhaltens sowie der Kommunikation zu Themen und Interessen die Richtung vor.

Sehr deutlich wird das etwa in jenen Fällen, wo es auf der Makroebene einen harmonisch erscheinenden Konsens zu geben scheint, welcher auf der Mikroebene allerdings, wo dasselbe Thema bereichert wird um die persönliche Betroffenheit in der Verfolgung individueller Bedürfnisse und Interessen, schlagartig hohes Konfliktpotenzial freisetzt. Das liegt zu einem Gutteil an der Rolle, welche von den Akteurinnen und Akteuren zu einem Thema eingenommen wird – etwa einerseits in der Rolle der Expertin oder des Experten zu einem Thema, auf der anderen Seite in der Rolle derjenigen Person, welche in ihrer Privatsphäre mit den global gutgeheißenen Vorstellungen plötzlich konfrontiert wird – und damit an der emotionalen Nähe zur konkreten Bedeutung eines Sachverhaltes für die Bedürfnisverfolgung Einzelner, welcher im Namen gemeinsamer Werte kraft der Expertise oder im Falle demokratischer Funktionärinnen und Funktionäre kraft Legitimisierung normative Schranken gesetzt werden. Während etwa auf einer Makroebene die flächendeckende Versorgung mit Breitbandmobilfunk für gut geheißen und sogar gefordert wird, kann sich dies rasch in eine ablehnende Haltung ändern, wenn der Sendemast direkt am benachbarten Grundstück errichtet werden soll: wird nämlich zunächst das Hauptaugenmerk auf die Vorteile für Wirtschaft und Menschen gelegt, so bringt die persönliche Betroffenheit auch die immer wieder berichteten ungewissen Auswirkungen auf die Gesundheit zu Tage.

Es empfiehlt sich daher zur Schaffung eines besseren Verständnisses, die im politischen Zusammenspiel involvierten Rollen und deren Besetzung näher zu betrachten:

4.1 Parteien sowie deren Funktionärinnen und Funktionäre

▶ Parteien spielen in der Demokratie seit jeher eine bedeutsame Rolle; sie sind jener Teil – von der lateinischen Bedeutung „pars" stammt auch der Begriff Partei ab – der Gesellschaft, in welchem sich Individuen mit ähnlichen Wertevorstellungen zusammenschließen um die Aufgabe zu übernehmen, die aus dem Dialog mit den anderen Individuen der Gesellschaft erkannten Notwendigkeiten und Bedürfnisse aufzugreifen und in einen Rahmen der Sicherheit durch entsprechende Normenfindung und -gebung zu gießen.

Politischen Parteien kommt dabei aus dem jeweiligen Blickwinkel der für sie jeweils gemeinsamen Wertevorstellungen in einer sozialen Konstruktion der Wirklichkeit die integrative Aufgabe für die Gesellschaft zu, aus der in Anzahl der Individuen vorhandenen Anzahl von Wertvorstellungen Gemeinsamkeiten herausarbeiten, über welche ein Rahmen von Zusammengehörigkeit und Wachstum in einer Rechtsordnung definiert werden kann; im Diskurs mit den anderen politischen Parteien hat dieser Rahmen sich mit Minimalanforderungen zu begnügen, um größtmögliche Sicherheit bei dem geringstmöglichen Eingriff in die Individualität des beziehungsweise der selbstbestimmten Einzelnen zu gewährleisten. Die Parteien stehen dabei, wie Duss von Werdt (2011, S. 30 ff.) beschreibt, nicht oberhalb des Gemeinwesens, sondern bleiben integraler Bestandteil in einem fluktuierenden Nähe-Distanz-Verhältnis zu den ein Mandat zur Entwicklung des Rahmens für das Gemeinwohl erteilenden Wählerinnen und Wählern. Herausforderung an die Rolle des Repräsentanten beziehungsweise der Repräsentantin einer Partei ist dabei, zum einen die eigene Individualität zu kennen und trennen zu können von dem Dienst für die Gesellschaft hinsichtlich der Interessen und Bedürfnisse und den damit verbundenen Gefühlen, zum anderen auch innerhalb der Partei am Wachstum durch eine Weiterentwicklung des Parteiprogramms und diverser Aktionenprogramme mitzuwirken bei Wahrung der jeweils vertretenen Werte. Diese Rolle verlangt dem beziehungsweise der Einzelnen somit eine enorme Einsicht in die Verantwortlichkeiten auf verschiedenen Ebenen ab, welche es zu tragen gilt.

4.2 Bürgerinnen und Bürger

▶ Die Individuen haben in der Demokratie die bedeutsamste und damit die zentrale Rolle: als die Legitimität ausstellende Kraft – am deutlichsten sichtbar bei Wahlen, Petitionen, Volksabstimmungen, Volksbefragungen oder Demonstrationen – oder als Trägerin beziehungsweise Träger der Vergesellschaftung.

Schon Rousseau erkennt, dass die Demokratie wie keine andere Staatsform Wachsamkeit und Mut verlangt und sie daher angewiesen ist auf die Kraft und die Standhaftigkeit ihrer Bürgerinnen und Bürger. Diese tragen nämlich primär Verantwortung für das eigene Wachstum, bestimmen aber auch über den Grad der Zulässigkeit des Eingriffs in ihre Privatsphäre und ihre individuellen Wertvorstellungen durch Akzeptanz der von der Politik gesatzten Rechtsordnung. Sie sind solchermaßen zuständig für die Mitentwicklung der Gesellschaftskultur, deren Träger sie ebenso sind. In einem Graubereich ist dabei auch das Individuum auf einer Skala zwischen aktiver und passiver Legitimation politisch, in diesem Zusammenhang aber primär sich selbst gegenüber verantwortlich. Dass dem Individuum die zentrale Rolle beikommt ist auch daran unschwer auszumachen, dass es selbstverständlich Individuen sind, welche in einer Zusatzrolle jene des Politikers beziehungsweise der Politikerin, des Repräsentanten beziehungsweise der Repräsentantin der Gesellschaft oder vielmehr einer Teilgesellschaft (etwa in Verbänden), des funktionellen Beamten beziehungsweise der funktionellen Beamtin in der Verwaltung, des Experten beziehungsweise der Expertin oder des Journalisten beziehungsweise der Journalistin einnehmen. Das Individuum ist auch hinsichtlich der Ausprägung und Entwicklung der Gesellschaft zentraler Angelpunkt. Käsler (2011, S. 58) bringt dies damit auf den Punkt, dass er die einzelnen Menschen als Trägerinnen und Träger der Wirkung von Vorstellungen auf andere und die Gesellschaft ausmacht und nicht einen immer wieder zur Rechtfertigung herangezogenen entpersonifizierten Sachzwang.

4.3 Die Gesellschaft

Die Gesellschaft als ständig sich aus sich heraus reformierendes Resultat des Vergesellschaftungsprozesses der Individuen seit Eintritt in die Moderne tritt in Form von Repräsentanten beziehungsweise Repräsentantinnen von Teilgesellschaften am deutlichsten in Rollenform auf. Minderheiten etwa, welche ein geographisches und soziales Zugehörigkeitsgefühl entwickeln, küren aus ihrer Mitte heraus zumeist ohne gesatzte formale Vorgänge – womit eine deutliche Abgrenzung zur politischen Partei, welche sich über Wahlen einen Legitimitätsvorschuss für die Dauer einer Legislaturperiode holt, erkennbar ist – die Rolle des Repräsentanten beziehungsweise der Repräsentantin der gemeinsamen Interessen für eine abgrenzende Integration in die Gesellschaft. Aber auch zu anderen Interessen ist dieses Phänomen zu beobachten: wirtschaftliche und ideelle Verbände bieten ihre gemeinsamen Interessenschwerpunkte der Allgemeinheit zum Diskurs über eine abgrenzende Integration an mit dem Offert der Aufnahme in die der Gesellschaft gemeinen Wertelandschaft.

4.4 Die Verwaltung

▶ Zwischen Individuen und Gesellschaft auf der einen Seite und die politischen Akteurinnen und Akteure auf der anderen Seite ist die Ebene der Verwaltung, die Bürokratie, in eine Übersetzungs- und Umsetzungsfunktion zwischengeschaltet.

Der Verwaltung kommt dabei, wie es Müller in Anlehnung an Max Weber (2007, S. 215) zutreffend beschreibt, in der europäischen Verfassungskultur die Aufgabe zu, „sine ira et studio", also ohne Ansehen der Person wenn auch im Dienste der Herrschaft zu agieren. Man spricht dabei vom Berufsbeamtentum, welches anders als das politische Beamtentum eines US-amerikanischen Konzepts unabhängig von den politischen Parteien zu agieren hat – dies wird etwa in Form einer allgemeinen Dienstpflicht des Beamten beziehungsweise der Beamtin zur Unparteilichkeit zum Ausdruck gebracht –, um dermaßen eine Kontinuität und Stabilität sichernde Konstante im demokratischen Gefüge sicherzustellen. Die Bürokratie erfüllt dabei die Aufgabe, dem Recht gegenüber dem Individuum zur Durchsetzung zu verhelfen und damit die Einhaltung des von der Politik geschaffenen Rahmens der Gesellschaft zu gewährleisten, zum anderen wirkt sie aber auch an dessen Weiterentwicklung mit durch Spruchpraxis der Behörden und auch Aufnahme von in der Gesellschaft vorgenommenen Weiterentwicklungen in die Vorschläge an die Politik. Letzteres wird beispielsweise deutlich im legistischen Prozess, an dessen Beginn meist eine öffentliche Begutachtung neuer Gesetzesvorschläge durch die Verwaltung durchgeführt wird, um eine größtmögliche Berücksichtigung aller bestehenden Interessen sicherzustellen ohne dabei jedoch der politischen Endverantwortung des Parlaments vorzugreifen.

4.5 Die Massenmedien

Nicht unterschätzt werden darf im demokratischen Gefüge die Rolle der Massenmedien als Drehscheibe für die Information. Massenmedien nehmen in der aktuellen Landschaft von den in den Politikwissenschaften, so etwa von Pelinka (2010,

4.5 Die Massenmedien

S. 97 ff.), diskutierten Möglichkeiten der „Verursacherhypothese" und der „Verstärkerhypothese" beide Funktionen wahr: einerseits lassen sie sich von den politischen Akteurinnen und Akteuren, aber auch von Vertreterinnen und Vertretern der Gesellschaft wie etwa NGOs und vereinzelt auch Individuen dazu einsetzen, Bewusstsein für ein Thema zu schaffen. Andererseits dienen sie in der österreichischen Medienwirklichkeit den übrigen Akteurinnen und Akteuren aber auch zu einer Verstärkung oder einer Abschwächung einzelner politischer Themen in der Bedürfnisbetroffenheit der Leserinnen und Leser.

▶ Auffällig ist jedenfalls, dass die Massenmedien einen sehr hohen Stellenwert in der demokratischen Struktur einnehmen: sie sind es, aus welchen die Individuen die für das Funktionieren von Demokratie so bedeutsame Information im Sinne des Anspruches auf Transparenz in kompakter und übersichtlicher Form entnehmen wollen.

Für Laackmann (2013, S. 25) liegt es daher auf der Hand, dass Medien betreffend die Frage der Legitimität von Demokratie eine zentrale Rolle spielen, sind sie es doch, welche Informationen verteilen und damit eine zentrale Säule der Demokratie gleichsam verwalten. Unter der Frage der Legitimität werden dabei vor dem Hintergrund der bisherigen wissenschaftlichen Überlegungen zur Begrifflichkeit alle jene Reibungspunkte zwischen Gesellschaft und staatlicher Führung zusammengefasst, welche sich mit dem Fortbestehen einer Anerkennung des Eingriffes in die individuelle Entfaltungsmöglichkeiten zum Wohle des Gemeinwohls auseinandersetzen. Medien tragen damit eine Verantwortung für das demokratische System als solches, aber auch dem einzelnen Individuum gegenüber, zumal nicht nur die Art und Weise der Berichterstattung über aus eigenen Interessen heraus festgesetzte Themen Auswirkungen haben, sondern auch der Umstand selbst, dass berichtet wird. Manipulative Motive hinter der Informationsverteilung schaden dabei nicht nur der Rolle der Massenmedien selbst, sie nehmen auch Einfluss auf gesellschaftliche Prozesse in der konfliktualen Aushandlung entscheidender Interessen und den Legitimitätszuspruch des Individuums an die Demokratie.

Damit haben Medien eine sehr hohe Bedeutung und auch eine große Chance: die Medien könnten aus der Rolle des derzeit wahrnehmbaren Moderators der Bedürfnisse und Interessen auf der Gratwanderung der Instrumentalisierung zur Durchsetzung von einseitigen Standpunkten einzelner Akteurinnen und Akteure im demokratischen Gefüge emporsteigen in eine mediative Rolle: aus dem Blickwinkel der Allparteilichkeit könnten die übrigen Akteurinnen und Akteure durch die aktive Zurverfügungstellung einer transparenten Plattform begleitet werden zu konsensualen Lösungen; dafür müsste allerdings nicht nur die stets kritisch beäugte Ausgewogenheit, wie viel Raum jeweils den Vertreterinnen und Vertretern der politischen Parteien eingeräumt wird, beachtet werden. Es müsste auch daran gearbeitet werden, dass eine zukunftsorientierte Ausrichtung weg von kausalen Zusammenhängen und Schuldfragen hin zu einer interessenbasierten Aufarbeitung der einzelnen Themen erfolgt in einer Ausbalanciertheit von Akteurinnen und Akteuren sowie Interessen auf rationaler wie auch auf emotionaler Ebene. Dann tritt nicht nur die Quantitätsfrage der zur Verfügung gestellten Räume hinter die gebotene Qualität zurück, es setzt auch ein von Kausalität losgelöstes zirkuläres Denken ein, welches so den Boden für eine konsensuale Ausgestaltung der Rahmengebung durch ausverhandelte Normen aufbereitet.

> Es wurden hier nur die auffälligsten Rollen im demokratischen System kurz dargestellt. Und dennoch lässt sich bereits erkennen, dass dieses Feld nicht zuletzt aufgrund des ständigen Flusses der Weiterentwicklung prädestiniert ist für verschiedenste Konflikte: Konflikte, welche intrapersonell auftreten können durch eine Rollenvielfalt, welche auf ein einzelnes Individuum zukommen kann, Konflikte innerhalb der einzelnen Akteursgruppen aber auch Konflikte zwischen den von verschiedenen Individuen bekleideten Rollen.

Noch viel deutlicher als in der klassischen Mediation, wo es primär um Konflikte im privaten Bereich und somit um Konflikte zwischen Individuen geht, ist es hier möglich, dass verschiedene Rollen mit unterschiedlicher Legitimation in Konflikt zueinander treten und dabei Wechselwirkungen auf ungeahnte andere Bereiche im Feld nehmen: so ist es kaum vermeidbar, dass die Konfliktkultur zwischen politischen Parteien Auswirkungen auf die Gesellschaft und auch die einzelnen Individuen im Ausmaß ihrer politischen Rolle nehmen. Ein breites Betätigungsfeld für die Anwendung von Mediation, möchte man die dabei freigesetzten Energien positiv transformieren in Veränderungs- und Wachstumsenergie ohne Verliererinnen und Verlierer des Systems.

Möchte man die bestehenden demokratischen Strukturen an das Wesen von Mediation annähern, so ist es hilfreich, sich bei der Durchforstung der bestehenden Strukturen an einem der Grundprinzipien des Wirkens von Mediation zu orientieren: auf ein Ausbalancieren in sämtlichen Bereichen.

Gerechtigkeit und Demokratie 5

Wie bereits einige Male in der bisherigen Betrachtung sichtbar geworden ist, hat das Streben nach Gerechtigkeit eine hohe Bedeutung in der Demokratie und ist dabei auch maßgeblicher Antrieb für Konflikte. Der individuelle Gerechtigkeitsdrang ist für das Entstehen von beobachtbaren Konflikten in der Unterscheidung nach Anlass und Ursache oftmals von zentraler Bedeutung und darf daher nicht übersehen werden, beeinflusst er doch das weitere Geschehen und damit die zu erwartende Effektivität zur Verfügung stehender Möglichkeiten maßgeblich. Saretzki (2010, S. 44) weist zur Unterscheidung nach Anlass und Ursache darauf hin, dass Anlässe nicht mehr sind als bloß Auslöser zu durch Ursachen initiiertem Konfliktpotenzial, welches durch sie aus einem latenten in einen manifesten Beobachtungsstatus erhoben wird. Dabei darf nicht übersehen werden, dass somit zu Tage tretendes Konfliktverhalten in keinem direkten kausalen Interessenszusammenhang zum beobachteten oder kommunizierten Anlass stehen muss. Meist schwelt im demokratischen Kontext im Hintergrund ein unbearbeitetes Bedürfnis nach Gerechtigkeit und stellt einen latenten Konflikt dar, welcher seiner Transformation harrt.

Dies zeigt auch einen erheblichen Mehrwert von Mediation für die Demokratie, da eines der Hauptprobleme der Rechtsordnung eines Staates das oftmals empfundene Auseinanderdriften von Recht und Gerechtigkeit auch zu Sachverhalten darstellt, in welchen eigentlich gar keine unmittelbare Betroffenheit von aktuellen Interessen ersichtlich ist.

Zur Veranschaulichung

So wird beispielsweise oftmals das Verhältnis von Strafen für Eigentumsdelikte im Verhältnis zu Strafen für Verbrechen gegen die Unversehrtheit des Menschen als ungerecht empfunden, auch wenn nur weit vom eigenen Umfeld entfernt Berichte in Tageszeitungen gelesen werden; es wird die Gewährung von einzelnen sozialen Transferleistungen als ungerecht empfunden, wenngleich man weiß, dass nur ein sehr geringer und im eigenen Haushaltsbudget im Centbereich liegender und somit nicht wirklich spürbarer Anteil der eigenen Steuerleistung dafür aufgewendet wird, welchen man sich bei einem Entfall somit theoretisch sparen könnte. Wie kommt das und wie kann es einer konstruktiven Bearbeitung zugeführt werden?

Gerechtigkeit stellt den Versuch dar, über einen Ausgleich zwischen den Wertevorstellungen des Einzelnen in der gesellschaftlichen Auseinandersetzung mit jenen der anderen Mitglieder der Gesellschaft eine Balance im bedürfnisgerechten Umgang mit den Ressorcen der Gesellschaft herzustellen. Wertevorstellungen sind dabei nicht unbedingt deckungsgleich mit den artikulierten aktuellen Bedürfnissen der Menschen: sie bilden vielmehr eine näher am persönlich erkannten Sinn des Lebens liegende Orientierungshilfe des Individuums, welche mit dem Eintritt in die Moderne als Ausfluss der Loslösung von vorgegebenen Wertvorstellungen durch Religion oder Herrscherin beziehungsweise Herrscher individualisiert wurde nach den jeweiligen persönlichen Entwicklungsprozessen im jeweiligen sozialen Umfeld. Unterschiedliche Wertevorstellungen finden ihren Ursprung dabei nicht nur bei den offensichtlichen ethnischen Unterschieden, auf welche sie in einer oberflächlichen Betrachtung oftmals reduziert werden. Bereits verschiedene Familienkulturen als Ausfluss der Individualität in der Entfaltung des modernen Menschen führen zu unterschiedlichen Weltanschauungen, aus welchen nicht nur eine jeweils andere Konstruktion der Wahrheit resultiert, sondern auch eine jeweils andere Vorstellung der sozialen Wirklichkeit.

> ▶ Damit Gerechtigkeit als angemessener Ausgleich der in jeder Gesellschaft existierenden vielfältigen Unterschiede weitgehend wirksam werden kann, bedarf es einer offenen Kommunikation über die verschiedenen Anschauungen.

Dabei ist nicht nur die wechselseitige Offenheit für den Anderen in seinem Anderssein Grundvoraussetzung, es bedarf auch eines Rahmens, welcher die für die konstruktive Auseinandersetzung erforderliche Sicherheit vermittelt. Nur so können die vorhandenen moralischen Bewertungen offen und uneingeschränkt

5 Gerechtigkeit und Demokratie

kommuniziert werden. Ziel der Auseinandersetzung und dabei auch nach außen sichtbares Zeichen für die Entwickeltheit einer Gesellschaft ist die Schaffung eines gemeinsamen Wertesystems mit einer wechselseitigen Bereicherung bestehender Unterschiede zu einem gemeinsamen Gerechtigkeitsbegriff, welcher nicht nur Eingang in die Staatsfundamentalnormen der Rechtsordnung Eingang findet, sondern auch eine solide Basis für die Aushandlung von Interessenkonflikten in konkreten Anlassfällen bietet.

Bei den Gerechtigkeitskonflikten wird in der Literatur oftmals zwischen vier verschiedenen Haupterscheinungsformen unterschieden: der Verteilungsgerechtigkeit, der Austauschgerechtigkeit, der Vergeltungsgerechtigkeit und der Verfahrensgerechtigkeit. Allen vier Formen ist, auch wenn sie unterschiedlich in Erscheinung treten, gemein, dass jeweils ein Streben nach Gleichheit dahinter steht. Gleichheit wird dabei verstanden als gleich im Zugang zu den Ressourcen der Gesellschaft bei Berücksichtigung der individuellen Bedürfnisse: so macht eine Gleichheit etwa im demokratischen Verständnis der Wertschätzung der Individualität keinen Sinne, wenn dies dadurch zum Ausdruck gebracht wird, dass allen Bürgerinnen und Bürgern dieselbe Ausbildung zuteil wird oder derselbe Steuerbetrag vom Lohn einbehalten wird. Bereits Aristoteles erkannte als Merkmal der Nikomachischen Ethik, dass nur Gleiche gleich zu behandeln sind. Egal ob es also gilt, Prinzipien zu entwickeln, nach welchen eine Verteilung von Lasten und Rechten in einem Staatsgefüge erfolgt, ob es gilt, einen Rahmen zu schaffen für die Sicherstellung einer Balance zwischen Leistung und Profit in Form einer Reziprozität von Nehmen und Geben, einer Angemessenheit von Schuld und Sanktion oder der Ausgewogenheit von Macht: Aufgabe der Gesellschaft ist es immer, möchte sie den Zielzustand von Demokratie als Staatsform einer konsensualen Wachstumsgesellschaft in einem friedlichen Kontext erreichen, für eine konstruktive Aushandlung nicht nur der Interessen, sondern auch der Wertevorstellungen der Individuen zu sorgen. Zentrales Element wird dabei neben der Schaffung des Rahmens für diesen auf Partizipation angewiesenen Aushandlungsprozess auch das Comittment aller Beteiligten darauf sein, den Dialog stets fortzusetzen, zumal der angestrebte Zustand vollkommener Gerechtigkeit niemals endgültig erreicht werden kann: es wird immer wieder auch zu Ungerechtigkeitsgefühlen kommen, da nie alles berücksichtigt werden kann.

> Wie bereits angedeutet ist der Umgang mit Gerechtigkeitskonflikten ein Indiz für die demokratische Verfasstheit eines Staates.

Vorstellbar und auch in der Realität anzutreffen sind nämlich auch hier die im Konfliktmanagement bekannten Konfliktlösungsmuster, welche von der Flucht über die Vernichtung, die Unterwerfung, die Delegation und den Kompromiss bis hin zur konsensualen Aufarbeitung reichen können. So ist beispielsweise am Umgang mit Teilgesellschaften, denen etwa aufgrund ethnischer oder religiöser Erkennungsmerkmale von der übrigen Gesellschaft der Stempel des Fremden aufgedrückt wird in einem oberflächlichen Stereotyp, leicht zu beobachten, dass dies zu einer Abschottung dieser Menschen in eigenen Wohnvierteln und einer sozialen Infrastruktur führen kann (Flucht), zu offenen Auseinandersetzungen bis hin zu bürgerkriegsähnlichen Zuständen (Vernichtung), zu scheinbaren Integrationsanboten mit der Bedingung der Unterwerfung unter die Wertekultur der übrigen Gesellschaft (Unterwerfung), zum Ruf nach Außenstehenden wie etwa auch der Politik, hier Lösungen vorzusehen (Delegation) oder auch zur direkten konstruktiven Auseinandersetzung mit Kompromissen oder sogar einem Konsens in friedlicher Koexistenz als Resultat. Welcher dieser Wege bestritten wird liegt dabei in der alleinigen Verantwortung des Individuums.

▶ Mediation bietet die Möglichkeit, auch für Wertekonflikte und damit die Entwicklung eines gemeinsamen Gerechtigkeitsgefühls über die Grenzen der Unterschiedlichkeit des Individuums hinweg einen konstruktiven Rahmen zur Aushandlung zu bieten.

Subjektive Gerechtigkeitsüberzeugungen können dabei nämlich offen artikuliert werden und über die Schaffung eines gemeinsam erkannten und definierten Sinnes des Lebens und der Gesellschaft eine gemeinsame Basis für die Koexistenz verschiedener Wertvorstellungen erhalten. Mediation übernimmt solchermaßen eine friedensstiftende Funktion, indem die Menschen durch sie befähigt und ermuntert werden, die Gerechtigkeitsvorstellungen zu artikulieren und dahinter stehende Prinzipien ersichtlich zu machen, womit die wechselseitige Relativierung und Akzeptanz über den Weg des Aufbaus von kenntnisbasiertem Verständnis erst möglich ist. Diese solchermaßen eigenverantwortliche Übereinkunft kann dann in die Rechtsordnung einfließen und eine solide Grundlage für interessenorientierte Gesetzgebung und gerechtigkeitswahrende Rechtsprechung bilden.

Kommunikation in der Demokratie 6

Frindte (2001, S. 17) beschreibt Kommunikation als eine soziale Interaktion, in welcher es um eine gegenbezügliche Stimulation zum Aufbau einer Vorstellung der Realität geht. Kommunikation dient dabei im Wesentlichen dem Austausch von Information: Information über sachliche, erwartungstechnische, beziehungsrelevante und selbstoffenbarende Aspekte. Information stellt damit auch in der Demokratie eine wichtige Grundsäule dar: immerhin gilt es, im Austausch von Information zwischen den Akteurinnen und Akteuren ein gemeinsames Interessenbewusstsein zu schaffen, welches eine Weiterentwicklung der gemeinsamen Rahmenbedingungen zur Bewältigung der Aufgaben des täglichen Lebens im Miteinander erst ermöglicht. Damit stellt sie eine Hauptressource zur positiven Transformation auftretender Konflikte dar, welche ja, wie bereits oben ausgeführt, dem Wesen der Demokratie inhärent sind. Störungen führen etwa im Wege der von Bös (2009, S. 21) beschriebenen fehlerhaften Interpretationen aufgrund unzureichender Informationsaustäusche zu Irritationen: aus Gründen eines vermeintlichen Wettbewerbsvorteiles vorenthaltene Informationen oder eine Instrumentalisierung erhaltener Informationen für widersprechende eigene Interessen begünstigen etwa Misstrauen und damit eine rasch auf zunächst unbeteiligte Themen sich ausweitende Eskalation. Auch Troja (2011, S. 120 ff.) erkennt neben dem Demokratiedefizit, bei welchem Beteiligungsmöglichkeiten der Bürgerinnen und Bürger zu kurz kommen, und dem Informationsdefizit, bei welchem eine Informationsasymetrie zwischen den Akteurinnen und Akteuren vor der Beschlussfassung zu Lösungen hinsichtlich von beteiligten Interessen getragener Themen besteht, im Kommunikationsdefizit einen Hauptgrund für das Auftreten von eskalierenden Konflikten in der Demokratie: der emotionale Konfliktkern wird nicht mittels kommunikativer

Fähigkeiten erhellt, sondern es erfolgt eine Aushandlung der Themen auf dem Weg eines institutionellen Austausches auf Ebene formaler Strukturen der Bürokratie und des Rechtssystems.

So bedeutsam Kommunikation nicht nur im Alltag, sondern auch im demokratischen Diskurs wie in der Mediation ist, so vielschichtig ist sie auch und bietet damit, wie bereits angedeutet, jede Menge an Störungsmöglichkeiten. Am besten wird dies mit dem Kommunikationsquadrat (Schulz von Thun 2010), welches auch immer wieder als „Vier-Münder-Vier-Ohren-Modell" bezeichnet wird, veranschaulicht und begründet: Jede verbal ausformulierte Botschaft wird auf vier Ebenen gesendet, nämlich als Sachinformation, als Selbstoffenbarung, als Beziehungshinweis und als Appell, und trifft in eben diesen Kategorien auch auf „vier Ohren" der Empfängerin beziehungsweise des Empfängers. Auf der Sachebene einer Interaktion geht es um den Austausch von Daten, Fakten und Sachverhalten, welche nach den Kriterien der Relevanz, der Zustimmung und der Vollständigkeit bewertbar sind. Auf der mitschwingenden Selbstkundgabeebene werden, beabsichtigt oder unbeabsichtigt, explizit oder implizit, Informationen über eigene Bedürfnisse, Werte und Emotionen mitgesendet. Die Beziehungsseite des Gespräches gibt zu verstehen, wie die Gesprächspartnerinnen und -partner zueinander stehen, was sie voneinander halten, wobei auch dies meist nur implizit zum Ausdruck gebracht und – etwa als Wertschätzung oder Abwertung – aufgenommen wird. Auf der Appellebene wird schließlich vermittelt, welche Handlung vom Gegenüber erwartet wird: hier werden Wünsche, Aufforderungen, Empfehlungen oder Handlungsanweisungen offen oder verdeckt transportiert. Die an der Kommunikation beteiligten Personen sind dabei von beiden Seiten für die Qualität des Informationsaustausches unter gegenseitiger ständiger Beachtung aller vier Ebenen verantwortlich, wobei die unmissverständliche Kommunikation den Idealfall und nicht die Regel darstellt. Kein Wunder, wenn man bedenkt, dass Kommunikation nicht nur aus digitaler Sprache sondern auch aus den übrigen Ebenen der Metakommunikation besteht und somit ununterbrochen dazu verleitet, den gehörten Worten mindestens auf diesen vier Ebenen Bedeutung zu verleihen. Ein Vorgang, welcher von den Menschen so perfektioniert und automatisiert wurde, dass wir selbst oft gar kein Bewusstsein mehr dafür entwickeln, auf welcher dieser Ebenen wir unterwegs sind mit einer Botschaft. So kann leicht verkannt werden, wie eine wahrgenommene Botschaft eigentlich gemeint ist, selbst wenn die metakommunikativen Begleiterscheinungen wie Mimik, Intonation und Gestik mit berücksichtigt werden. Wenn dann eine Botschaft anders als gemeint beim Empfänger beziehungsweise bei der Empfängerin ankommt und eine Reaktion statt einer Rückfrage hervorruft, die auf einer nicht gemeinten Bedeutung basiert, dann führt dies zumeist zu Unverständ-

nis, zumal ja die angekommene Bedeutung gar nicht für möglich gehalten wird
– schließlich liegt sie nicht in der eigenen Intention.

> **Zur Veranschaulichung**
> In einer Presseaussendung erklärt das für Arbeit zuständige Regierungsmitglied, dass im Vormonat die Anzahl der Beschäftigten ein neues Rekordniveau erreicht hat. Dies führt zu unterschiedlichen Reaktionen, die allesamt stimmig sind, da die Botschaft auf einer unterschiedlichen Kommunikationsebene aufgenommen wurde: während ein anderer Politiker darauf mitteilt, dass er sich freue, dass so viele Menschen Beschäftigung gefunden haben (er reagiert auf die Sachebene), meldet sich ein Sprecher der Wirtschaft zu Wort, welcher dringenden Handlungsbedarf der Regierung erkennt, mehr für den Wirtschaftsstandort zu tun, da die Wirtschaft nicht im Stande sei, ohne Unterstützung dieses Niveau zu halten (er hat die Appellebene herausgehört). Eine Sprecherin einer Bürgerinitiative kontert mit einem Presseinterview, in welchem sie darauf hinweist, dass es selbstgefällig sei von der Regierung, die ebenfalls gestiegene Anzahl der Arbeitslosen mit keinem Wort zu erwähnen (sie repliziert auf die Selbstoffenbarungsebene in der Aussage des Regierungsmitglieds) während ein im selben Zeitungsinterview zu Wort kommender Arbeitssuchender bedauert, dass Arbeitslose offenbar im Stich gelassen werden (Beziehungsebene). Eine simple Aussage kann daher jeweils mindestens auf vier Arten verstanden werden.

Über die beschriebenen Ebenen der Kommunikation und die damit einhergehenden zahlreichen Möglichkeiten des Verfehlens der Schaffung einer gemeinsamen Ebene zwischen den Kommunikationspartnerinnen und -partnern hinaus ist der wechselseitigen Kenntnis über die Interessenslagen und Wertevorstellungen des beziehungsweise der jeweils anderen Relevanz beizumessen. Dies stellt insbesondere im Bereich der interpersonellen Kommunikation, also im direkten Austausch zweier Personen vor allem in bestehenden Sozialverbänden, ein Unterscheidungskriterium zur Massenkommunikation dar. Während in der interpersonellen Kommunikation eine gezielte Anpassung an die Individualität des beziehungsweise der Einzelnen im Prozess des kommunikativen Austauschvorganges möglich ist, verliert die Massenkommunikation diesen treffsicheren rezeptiven systemischen Bezug zum Individuum. Umgelegt auf die im Zusammenhang mit einer Sitzung eines gesetzgebenden Organes in der Demokratie anzutreffenden Debatten und Informationsaustausche bedeutet dies, dass einerseits interpersonale Botschaften zwischen den Abgeordneten ausgetauscht werden, andererseits allerdings in Relation zur Gesellschaft als eigentlichem Souverän lediglich massenkommunikatorische

Strukturen bestehen. Folgt man Haas (2014, S. 32), so bedeutet dies, dass sowohl die Abgeordneten, als auch die Gesellschaft wechselseitig lediglich über Vorstellungen von den Werten und Interessen der jeweils anderen Seite verfügen und die Korrekturmöglichkeit der miteinander bestehenden Interaktion durch eine zeitnahe Rückkoppelung fehlt, während die beobachtbaren Debatten im Zuge und noch viel mehr am Rande einer Sitzung des gesetzgebenden Organs den Eindruck eines qualitätsvollen Austausches interpersoneller Art authentisch darzustellen vermögen. Im Korsett der Geschäftsordnung mit strengen Regeln der Worterteilung wird hier zwar die tatsächliche verbale Interaktion, abgesehen von mit Ordnungsrufen sanktionierbaren Zwischenrufen, erschwert, allerdings bleibt die gelebte und beobachtbare Möglichkeit einer zeitnahen Rückkoppelung. Am Rande der Debatte ist hier überhaupt eine synallagmatische Berücksichtigung der im Sozialverband gewonnenen Kenntnis der individuellen Einstellung der Gegenseite möglich.

Aus diesem Umstand kann geschlussfolgert werden:

> Massenkommunikation als Gegensatz zur interpersonellen Kommunikation kommt zwar eine größere Reichweite zu, sie ist allerdings mit der Unschärfe behaftet, dass weniger Interessen und Werte des Individuums getroffen werden als hier vielmehr lediglich Vermutungen über dieselben der Botschaft zu Grunde gelegt werden können.

Insoweit liegt die Vermutung nahe, dass die vorherrschenden Kommunikationsstrukturen rund um eine Sitzung des Nationalrates als Zentrum der demokratischen Strukturen des Staatsapparates einen Beitrag zum Empfinden des beziehungsweise der Einzelnen leisten, dass die Legislative zunehmend der demokratischen Legitimation entbehrt. Unter diesem Gesichtspunkt erscheint ein weiterer Gedanke, welcher in eine eigene Forschungsfrage und somit einen weiteren Untersuchungsgegenstand münden kann, interessant: ist die Einführung eines stärkeren Persönlichkeitswahlrechtes in formaler Abbildung des bereits empfundenen partizipatorischen Naheverhältnisses zu kleineren demokratischen Struktureinheiten wie dem Gemeinderat einer Landgemeinde eine geeignete Form, die interpersonelle Kommunikation zu fördern und damit die Qualität der Demokratie zu steigern durch das Zurückdrängen der allseitigen Verallgemeinerung der individuellen Interessen in strukturell geschaffene Organisationsinteressen?

Friedrichsen (2013, S. 16) beschreibt hierzu eine Entwicklung, in welcher sich die Bürgerinnen und Bürger zunehmend der Technologien aus der modernen Welt des Internets bedienen und dies verstärkt auch Auswirkungen auf das politische

Selbstverständnis dieser Rolle hat. Damit verbunden sind nicht nur von Weichert (2013, S. 45) identifizierte Verfremdungen und Störungen der politischen Kommunikation, das Internet wird vielmehr auch als Möglichkeit der Selbstbestimmtheit in der Informationsbeschaffung gesehen, womit ein Gefühl der Macht über Entwicklungen in Teilbereichen des politischen Geschehens einhergeht: im Internet gibt es scheinbar keine Instanz, welche die Informationen sortiert, strukturiert und erklärt und damit einhergehend das Meinungsbild lenkt. Vielmehr gibt es die technisch vereinfachte Möglichkeit, auch mit den einzelnen Akteurinnen und Akteuren der politischen Ebene in direkten Austausch zu treten. Interessant ist in diesem Zusammenhang, ob ein tatsächlicher Austausch auch auf der Plattform der social media wie etwa facebook betrieben wird oder ob diese technischen Veränderungen der Informationslandschaft lediglich als eine Variante zu den herkömmlichen Massenmedien gesehen werden. Eine stichprobenweise Beobachtung des Auftritts österreichischer Politikerinnen und Politiker hat jedenfalls Anzeichen dafür erkennen lassen, dass in den seltensten Fällen wirkliche Interaktionen stattfinden: es schaut so aus, als würde die Präsenz lediglich zur Darstellung eigener Standpunkte und Leistungen genutzt werden gleich einem Artikel in den Printmedien, der direkte Austausch mit den Bedürfnissen und Interessen der Bürgerinnen und Bürger abseits der selbst vorgegebenen Standpunkte, die bestenfalls verteidigt werden, ist hingegen etwa in Form einer Reaktion auf einzelne Meldungen von Bürgerinnen und Bürgern kaum zu beobachten.

> Eine Betrachtung dieser Entwicklungen im kommunikativen Bereich der Bürgerinnen und Bürger legt ein weiteres Indiz dafür offen, dass die Transparenzfrage und die Machtfrage zentrale Angelpunkte im demokratischen Gefüge darstellen: Bürgerinnen und Bürger drängen in jenen Fällen, in welchen ihre Bedürfnisse unbeachtet bleiben, nicht wie in anderen Staatsformen primär nach Substitution der eigenen Interessen durch normativ geduldete Alternativen, sondern nach Herbeiführung eines Machtausgleiches: es kommt zu Demonstrationen, Petitionen und ähnlichen Zusammenschlüssen in Teilgesellschaften gleicher Interessenslage, wobei die auch von Thimm und Bürger (2013, S. 301) beschriebene Nutzung von Social Media diese Entwicklung einer partizipatorischen Revolution begünstigt.

Die dabei bestehende Gefahr für das demokratische System liegt darin, dass eine von Schwarz (2010, S. 83) als Seelenkonto beschriebene Dynamik zu einem Ausgleich nicht nur in der eigentlichen Interessenfrage führt, sondern in jenem Moment, wo die Bürgerinnen und Bürger, nachdem sie das Gefühl der Erreichung des Machtausgleiches zu den politischen Funktionsträgerinnen und Funktionsträgern erlangt haben, gleichsam zur Abrechnung über all jene Interessen tendieren, welche sie unter das Gemeinwohl in Form des von den gewählten Mandatarinnen und Mandataren geschaffenen Normensystems bislang zurückgestellt haben. Es tritt damit ein Organisationskonflikt zu Tage, welcher oftmals zwar begleitet wird von der Forderung nach dem Austausch einzelner Akteurinnen und Akteure, auf dieser Interventionsebene allerdings kaum transformierbar ist (Schwarz 2010, S. 334). In Kombination mit den Medien der Web-2.0-Generation erkennt Weichert (2013, S. 56) eine weitere Dimension in dieser Dynamik: es kommt zu einer Verlagerung der Vorherrschaft betreffend die Meinungsbildung und Identitätspflege als Gesellschaft weg von der politischen Elite eines Landes hin zur Gesellschaft, da sich die politischen Wirklichkeiten zunehmend der Kontrolle durch die politischen Akteurinnen und Akteure entziehen. Ein Beispiel für diese Symptomatik kann in den zahlreichen Aufrufen zum kollektiven Ungehorsam über die social media erblickt werden, welche binnen weniger Stunden zahlreiche „likes" beziehungsweise „followers" bekommen.

Ein Spezifikum, das bei politischen Konflikten zu beobachten ist, ist aufgrund der stets präsenten Betroffenheit der Wertevorstellungen aller Beteiligten die auch in der Metaebene von Kommunikation spürbare sehr hohe Emotionalität. Diese bedingt auch, dass das politische Hirn des Menschen in diesem Kontext eine äußerst geringe Ambiguitätstoleranz aufweist: wie in der von Westen (2012, S. 9 ff.) zusammengefasst wiedergegebenen Studie auch wissenschaftlich bereits bewiesen werden konnte, neigt das menschliche Hirn hier nämlich dazu, Widersprüche in der jeweiligen Konstruktion von Wirklichkeit dort, wo diese unerwünscht sind wie etwa bei der politischen Partei oder dem Verband, dem man sich zugehörig fühlt, selbst aufzulösen. Daher ist auch damit zu rechnen, dass blinder Angriff und blinde Flucht im Zusammenhang mit politischen Konflikten die vorherrschenden Konfliktverarbeitungsmuster sind und eine konsensuale Vereinbarung nur erreicht werden kann, wenn ein verstärktes Augenmerk auf die Achtsamkeit gelegt wird. Hier liegt im systemischen Zusammenhang aller Akteurinnen und Akteure aber eine gewisse Gefahr: gelingt es den politischen Parteien nicht, die Individuen durch Änderung in der eigenen Agitation zur Achtsamkeit zu begleiten, so wird jener Mitbewerber beziehungsweise jene Mitbewerberin, welcher beziehungsweise welche weiterhin auf Emotionalität setzt, die Oberhand gewinnen, selbst wenn damit ein den Bedürfnissen des Einzelnen widersprechendes Ergebnis erzielt wird.

Nicht vergessen werden darf bei der Analyse der politischen Kommunikation und ihrer Wirkung im demokratischen Gefüge auf die Überlegungen zur so genannten symbolischen Kommunikation. Politik als Symbol einer Gesellschaft

6 Kommunikation in der Demokratie

wird auch durch die dazugehörende symbolische Kommunikation geprägt. In ihr kommen neben der verbalen Interaktion Symbole zum Einsatz, welche integrativ, erklärend, emotional bindend, einprägsam und Ordnung stiftend zugleich wirken: das Flusspferd mit einem zerknüllten Geldschein im Maul als Versinnbildlichung des Debakels rund um die Hypo Alpe Adria Bank International, das Sparschwein als Aufruf zur Budgetdisziplin oder das Taferl als Zeichen der Belehrung sind hier nur einige aktuelle Beispiele, wie sie im österreichischen Nationalrat eingesetzt werden. Wird die symbolische Kommunikation allerdings nicht gepflegt, so können ihre Instrumente durch Überlagerung mit zur ursprünglich zugeschriebenen Bedeutung unterschiedlichen Konotationen verwässert oder im schlimmsten Fall sogar pervertiert werden, was zu schwerwiegenden Störungen in der Kommunikation führt.

> Zusammenfassend kann festgestellt werden, dass politische Kommunikation stark von Symbolik und den Schwierigkeiten der Auseinandersetzung mit dem Individuum und seinen Interessen geprägt ist. Infolge der gleichzeitig enormen Bedeutung von Kommunikation für den Prozess demokratischer Aushandlung liegt es auf der Hand, in Methode und Haltung der Mediation Anleihe zu nehmen für eine Kurskorrektur in unserer Demokratie: auch die Mediation in unserer kulturellen Ausprägung (anders als etwa in Bali) ist stark auf den Einsatz von Kommunikation zur Transformation von Konfliktenergie fokussiert (vgl. Klappenbach 2011) und vermag, für alle Seiten gewinnbringende Lösungsfindungen zu unterstützen.

Schluss 7

Ausgehend von Arnims Befundaufnahme, dass die Produkte unserer Demokratie auf keine Legitimität mehr durch die Gesellschaft aufbauen, wurde in den vorstehenden Kapiteln der Frage nachgegangen, wie Demokratie eigentlich konzipiert ist, welchen Stellenwert dabei Konflikte und der Umgang mit ihnen einnehmen und ob Mediation als Kurskorrektur für die dabei ausgemachten Entwicklungen eingesetzt werden kann. Dabei wurde in der Demokratie einerseits jene Staatsform ausgemacht, welche von ihrer Konzeption her den Anforderungen des modernen Menschen an den Staat als institutionalisierte Plattform am ehesten zu genügen vermag: ihr geht es um eine partizipative und eigenverantwortliche Aushandlung gemeinschaftlicher Rahmenbedingungen, bei welchen die Anforderungen an eine freie individuelle Entfaltungsmöglichkeit ebenso berücksichtigt werden wie das Bedürfnis nach rahmengebender Sicherheit durch gerechte Eingriffe bei einander widersprechenden Interessen in der Gesellschaft. Gleichzeitig wurde aber auch identifiziert, dass unter dem Begriff der Demokratie zahlreiche verschiedene Spielarten derselben gelebt werden, wobei eine zeitweilige Verwässerung der ursprünglichen Intention in einigen Varianten zu beobachten ist mit der Folge, dass zunehmend Instrumente der Gewalt oder der Manipulation eingesetzt werden, um noch eine Legitimierung der Politik herzustellen.

Konflikte sind dabei ein wesentliches Merkmal von Politik in der modernen Gesellschaft, zumal es nicht dem Wesen der Demokratie entspricht, Uniformität in den Bedürfnissen der Menschen herzustellen sondern vielmehr unter Wertschätzung und Förderung des Individuums den passenden Sicherheit und Frieden spendenden Rahmen für die Möglichkeit der Integration divergierender Interessen zu schaffen. Verliert jedoch die Politik an Machtzuspruch, so drohen diese Konflikte in der Gesellschaft ihre Energie in Zerstörung statt in das eigentlich ermöglichte Wachstum zu entfalten. Dies zeigt sich auch daran, dass bei immer mehr Menschen ein Abwenden von den Möglichkeiten der geordneten Partizipation in ihrer Minimalform der Wahlbeteiligung stattfindet und nur noch der Streit als Selbstzweck der Politikerinnen und Politiker wahrgenommen wird. Vieles spricht daher dafür, die in der Mediation gebräuchliche Haltung und einige der mediativen Instrumente in unsere Demokratie zu implementieren, um ihr auf den Weg der eigentlichen Zielsetzung zurückzuverhelfen.

Eine vertiefende Auseinandersetzung mit den Thema hat der Autor in seinem Sachbuch „Politische Machtspiele – Schlachtfeld oder Chance; Braucht unsere Demokratie Mediation" vorgenommen und dabei nicht nur einen Praxisbezug zum Geschehen im Parlament hergestellt, sondern auch ganz konkrete Einsatzmöglichkeiten von Mediation in der Politik dargestellt.

Was Sie aus diesem Essential mitnehmen können

- Sie haben Zusammenhänge erkannt, welche Ihnen gar nicht so bewusst waren: Konflikt und Politik sind ebenso eng miteinander verbunden wie das Wohlergehen von Gesellschaft und Individuum: zentraler Punkt ist das Streben nach einer gerechten Berücksichtigung von Interessen und Bedürfnissen.
- Sie fassen wieder Mut, dass es einen Weg zur Verbesserung des Miteinanders auch in der Politik gibt: Mediation bietet eine Menge von Ansatzpunkten für die Koexistenz einander scheinbar ausschließender Interessen auf dem Weg zu Lösungen mit allseitigem Gewinn. Mediation ist hilfreich bei einer Kurskorrektur in unserer Demokratie zurück zu einem friedvollen Miteinander.
- Sie haben Interesse entwickelt dafür, wie man diese Gedanken in die Praxis umsetzen kann. Dieses Essential hat Sie mit den Grundbegriffen von Mediation und Demokratie in einer neuen Perspektive vertraut gemacht und bietet die Grundlage für weiterführende Literatur und eigene Möglichkeiten der Umsetzung in die Praxis.

Literatur

Bateson, G. (1987). *Geist und Natur, eine notwendige Einheit.* Frankfurt a. M.: Suhrkamp.
Beck, U. (2007). *Weltrisikogesellschaft. Auf der Suche nach der verlorenen Sicherheit.* Frankfurt a. M.: Suhrkamp.
Bös, C. (2009). Fragebogen zur Erhebung sozialer Konflikte in Organisationen der Arbeitswelt. Entwicklung eines sozialwissenschaftlichen Messinstruments. Magisterarbeit, Universität Wien.
Crouch, C. (2008). *Postdemokratie.* Frankfurt a. M.: Suhrkamp.
Döring, H. (1995). Die Sitzordnung der Abgeordneten: Ausdruck kulturell divergierender Auffassungen von Demokratie. In A. Dörner et al. (Hrsg.), *Sprache des Parlaments und Semiotik der Demokratie. Studien zur politischen Kommunikation in der Moderne.* Berlin: Gruyter.
Duss-von Werdt, J. (2011). Freiheit – Gleichheit – Andersheit Als Mediator demokratisch weiterdenken Von der Schwierigkeit, über Demokratie zu reden. In G. Mehta & K. Rückert (Hrsg.), *Mediation und Demokratie Neue Wege des Konfliktmanagements in größeren Organisationen.* Heidelberg: Carl Auer.
Feindt Peter, H. (2010). Umwelt- und Technikkonflikte in Deutschland zu Beginn des 21. Jahrhunderts – Bestandsaufnahme und Perspektiven Umwelt- und Technikkonflikte in Deutschland. In P. H. Feindt & T. Saretzki (Hrsg.), *Umwelt- und Technikkonflikte.* Wiesbaden: Springer.
Fischer, R. (2010). Konflikte um verrückte Kühe? Risiko- und Interessenkonflikte am Beispiel der europäischen BSE-Politik. In P. H. Feindt & T. Saretzki (Hrsg.), *Umwelt- und Technikkonflikte.* Wiesbaden: Springer.
Forum Politische Bildung. (Hrsg.). (2000). *Zum politischen System Österreichs. Zwischen Modernisierung und Konservativismus.* Wien: Forum.
Friedrichsen, M. (2013). Neue politische Kommunikation durch Medienwandel. In M. Friedrichsen & R. A. Kohn (Hrsg.), *Digitale Politikvermittlung. Chancen und Risiken interaktiver Medien.* Wiesbaden: Springer.
Frindte, W. (2001). *Einführung in die Kommunikationspsychologie.* Weinheim: Beltz.
Glasl, F. (2011). *Selbsthilfe in Konflikten.* Stuttgart: Freies Geistesleben.
Glasl, F. (2011a). *Konfliktmanagement, Ein Handbuch für Führungskräfte, Beraterinnen und Berater.* Stuttgart: Freies Geistesleben.

Gundlach, A. (2013). *Wirkungsvolle Live-Kommunikation: Liebe Deine Helden: Dramaturgie und Inszenierung erfolgreicher Events.* Wiesbaden: Springer.
Haas, A. (2014). *Interpersonale Kommunikation und Medienwirkungen, Beurteilung der Themenrelevanz im Zusammenspiel mit Gesprächen und Mediennutzung.* Wiesbaden: Springer.
Kaesler, D. (2011). *Max Weber.* München: CH Beck.
Klappenbach, D. (2011). *Mediative Kommunikation. Mit Rogers, Rosenberg & Co. konfliktfähig für den Alltag werden.* Paderborn: Junfermann.
Krell, C., Meyer, T., & Mörschel, T. (2012). *Demokratie in Deutschland. Wandel, aktuelle Herausforderungen, normative Grundlagen und Perspektiven.* Wiesbaden: Springer.
Krondorfer, B. (2012). Die Position der Allparteilichkeit. Kritische Aspekte zu einer Grundmodalität der Mediation. In S. Granzner-Stuhr & I. M. Pogatschnigg (Hrsg.), *Ich kann ja nicht androgyn werden. Geschlechtsspezifische Aspekte in der Mediation.* Frankfurt a. M.: Peter Lang.
Laackmann, H. (2013). Die Rolle der Medien im gesellschaftlichen Legitimitätskonstrukt. In M. Friedrichsen & R. A. Kohn (Hrsg.), *Digitale Politikvermittlung. Chancen und Risiken interaktiver Medien.* Wiesbaden: Springer.
Luhmann, N. (2010). *Politische Soziologie.* Berlin: Suhrkamp.
Moestl, B. (2013). *Die 13 Siegel der Macht.* München: Knaur.
Montada, L. (2011). Die (vergessene) Gerechtigkeit in der Mediation. In G. Mehta & K. Rückert (Hrsg.), *Mediation und Demokratie Neue Wege des Konfliktmanagements in größeren Organisationen.* Heidelberg: Carl Auer.
Müller, H-P. (2007). *Max Weber.* Köln: Böhlau.
Ortner, C. (2012). *Prolokratie.* Wien: edition a.
Pelinka, A., & Varwick, J. (2010). *Grundzüge der Politikwissenschaft.* Wien: Böhlau.
Sarcinelli, U. (2011). *Politische Kommunikation in Deutschland. Medien und Politikvermittlung im demokratischen System.* Wiesbaden: Springer.
Saretzki, T. (2010). Umwelt- und Technikkonflikte: Theorien, Fragestellungen, Forschungsperspektiven. In P. H. Feindt & T. Saretzki (Hrsg.), *Umwelt- und Technikkonflikte.* Wiesbaden: Springer.
Scholl, W. (2009). Konflikte und Konflikthandhabung bei Innovationen. In E. Witte & C. Kahl (Hrsg), *Sozialpsychologie der Kreativität und Innovation.* Lengerich: Pabst.
Schulz von Thun, F. (2010). *Miteinander reden 1. Störungen und Klärungen. Allgemeine Psychologie der Kommunikation.* Reinbek bei Hamburg: Rowohlt.
Schwarz, G. (2010). *Konfliktmanagement. Konflikte erkennen, analysieren, lösen.* Wiesbaden: Gabler.
Simmel, G. (1908). Der Raum und die räumlichen Ordnungen der Gesellschaft. In O. Rammstedt (Hrsg.), *Soziologie. Untersuchungen über die Formen der Vergesellschaftung.* Frankfurt a. M.: Suhrkamp.
Thimm, C., & Bürger, T. (2013). Digitale Partizipation im politischen Konflikt – „Wutbürger" online. In M. Friedrichsen & R. A. Kohn (Hrsg.), *Digitale Politikvermittlung. Chancen und Risiken interaktiver Medien.* Wiesbaden: Springer.
Troja, M. (2011). Mediation als institutioneller Wandel in der Demokratie. In G. Mehta & K. Rückert (Hrsg.), *Mediation und Demokratie Neue Wege des Konfliktmanagements in größeren Organisationen.* Heidelberg: Carl Auer.

Literatur

Ueberhorst, R. (1995). Warum brauchen wir neue Politikformen? In Akademie der Politischen Bildung/Friedrich- Ebert-Stiftung (Hrsg.), *10. Streitforum: Reform des Staates – Neue Formen kooperativer Politik*. Bonn: Akademie der Politischen Bildung/Friedrich-Ebert-Stiftung.

Watzke, E. (2011). *Äquilibristischer Tanz zwischen den Welten*. Mönchengladbach: Forum.

Weber, M. (1972). *Gesammelte Aufsätze zur Religionssoziologie* (Bd. 1). Tübingen: Mohr Siebeck.

Westen, D. (2012). *Das politische Gehirn*. Wien: Suhrkamp.

Lesen Sie hier weiter

Hans-Jürgen Gaugl

**Der Tiger und
die Schwiegermutter**
Familienkonflikte:
Schlachtfeld oder Chance?

2013, X, 198 S. 10 Abb.
Softcover: € 14,99
ISBN 978-3-642-38993-1

Änderungen vorbehalten.
Erhältlich im Buchhandel oder beim Verlag.

Einfach portofrei bestellen:
leserservice@springer.com
tel +49 (0)6221 345-4301
springer.com

Printed by Printforce, the Netherlands